新楽園
Nutopia

業務新手第一次工作就該懂的
訂單成交技巧

毅冰——著

外貿大神的

32

堂客戶成交課

32 lessons

on how to close a deal from the guru

of foreign trade

前言

Preface

———

雖信美而非吾土

2010 年 4 月的某一天，我第一次嘗試在福步論壇寫長帖，有幸一鳴驚人，得到眾多外貿朋友的認可，這實在是我莫大的榮幸。我最初並沒有什麼目的，只是「遊戲之作」，只是對過往的經驗做簡單的總結、梳理，居然能夠得到大家的追捧，這是我根本無法想像也不敢去想的。

若純粹從商業角度而言，我那時趁熱打鐵，將這些文字集結成書，有強大的人氣依託和出版社的悉心運作，自能名利雙收。可當時的我毫不猶豫地拒絕了。非不願也，實不然也。因為我內心深處有種隱隱的不安，覺得如此草率地出書，無法做好對主線和整體思路的把控，也對純粹的文字駕馭缺乏信心。這是對讀者的不負責，更是對自己的一種背叛，會在未來成為我生命中無法承受之重。

或許那時，我骨子裡依舊帶有太多的文人情懷，太多的書生意氣。不願去遷就，不願去妥協，寧願用更多的時間來整理思緒，總結過往的經驗，結合自身的經歷，糅雜各種特點和優勢，盡最大努力把書寫好。於是一年半後，才有了《外貿高手客戶成交技巧》一書的問世。

在那以後，整整五年，我又相繼出版了《十天搞定外貿函電》《毅冰私房英語書——七天秀出外貿口語》。非常感謝讀者朋友們的捧場，我這三本書被牢牢釘在了國內外貿類書籍銷量的前三甲，榮幸之至！可我自己覺得，嚴格意義上來講，後兩本書還是側重於英文方面的應用，並非真正意義上的外貿技巧類讀物。這幾年我一直在構思，如何讓下一本書能夠上一個層次，哪怕《外貿高手客戶成交技巧》珠玉在前，也必須有所創新，而不是狗尾續貂。

我一直覺得，一個人前進路上最大的阻礙不是別人，而是自己。若覺得「百尺竿頭難進一步」，那一定是沒有看到身邊那些「千尺竿頭」，所以才會去沉湎於過去那些榮耀，而不思進取。內心存著任何時候都可以拋棄過去，都可以歸為一張白紙，都可以「只不過是從頭再來」的想法，才會有足夠的動力和勇氣往前走，不管身處何時、何地。

或許我正是這樣的一個人，對自己、對未來有著太多的理想和期許，哪怕是鏡花水月，哪怕是一場遊戲一場夢，都想去搏一下，都想去嘗試一下，縱然無法得到認可、無法達到預期，也終究努力過，奮鬥過，對得起自己，也對得起所有的讀者和支持我的人。於是沉寂了多年後，我毅然決然潛心創作《外貿高手客戶成交技巧2》（我們習慣稱其為《高2》。編按：本書繁體中文版書名為《外貿大神的32堂客戶成交課》），只為完成自己的一個理想，也希望給所有的讀者不一樣的感受、不一樣的毅冰。這五年多來大家都在進步，我亦如是。很多經驗、經歷，很多說不清道不明的東西，很多工作中、人生中的感悟，我終希望落在筆下。如果能再次刷新我當年在外貿圈創下的圖書銷售紀錄，那會是多麼美妙！

有時候靜下心來，想想在職場上跌跌撞撞、亦步亦趨的十多年，我發現在心中永遠有那麼一個純淨角落，如花瓣飄落於肩頭般的柔軟和夢幻。帶著「雖信美而非吾土」的感慨，以及自己最好的作品永遠是下一本的夢想，豈非另一種浪漫？

　　寫到這裡，我想起過去這些年的種種。那些經歷，那些過往，那些糾結，那些喜悅，那些張揚，那些淡然，那些人，那些事，都在我的記憶深處鐫刻，從不曾離開，從不曾消逝。

　　此時正是華燈初上時分，窗外，海天連接處，汽笛聲響，燈火已黃昏。

                                                            毅冰
                                          2017 年初於澳大利亞墨爾本

買手迷戀什麼樣的供應商

想要業績長紅，掌握客戶的喜好是關鍵。如何抓住客戶的心，讓客戶心甘情願跟你合作，
是業務員們必須思考的。

「買手究竟在想什麼？」
「他們喜歡怎樣的供應商？」
「為什麼我們的價格很有優勢，卻拿不下訂單？」
「為什麼報價以後客戶就沒了音信？」
「為什麼開發信總是石沉大海？」
「為什麼每次都卡在價格上無法成交？」
「除了降價，我們還有什麼談判手法？」
……
這一章，或許會對你有所啟示。

第一節 最讓 buyer 反感的八類業務員

在討論如何贏得客戶喜好之前，我先做一個反向的分析。客戶喜歡的供應商必然有各種各樣的優點，但是客戶討厭的供應商，往往就是那麼些缺點。為什麼我這節的標題寫的是「業務員」，而不是「供應商」？理由很簡單。因為客戶直接接觸的往往就是業務員這個對外的「窗口」，業務員就代表了這個公司的形象，也反映了客戶對這個供應商的第一印象。

如果業務員非常專業，客戶就會覺得這個供應商的員工很懂行；如果業務員回覆客戶電子郵件的速度很快，客戶就會認為這個供應商效率很高；如果業務員舉一反三，能給客戶一些有效的建議，客戶更會認為這個供應商是值得考慮的合作對象。

反之，如果業務員脾氣很差、很容易不耐煩，客戶會覺得這個供應商服務很爛；如果業務員一問三不知，客戶自然覺得這個供應商不可靠，可能是「皮包公司」；如果業務員亂報價格，隨意漲價或降價，即使訂單已經在客戶手裡，他也會再掂量掂量。

一切的一切，其實都在於人。我們都知道，一家店要經營成功，生意興隆，除了產品好外，服務也必須跟上。在當前的市場競爭環境下，很少有供應商有完全獨特、占據絕對技術優勢、競爭對手無法複製的產品。換言之，大部分產品，海外客戶都很容易在中國找到供應商，可以貨比三家以選擇最適合自己的。所以我們一定要做好細節，不要因為一些小事，或者不經意的失誤，而失去寶貴的機會，那就得不償失了。

哈佛大學行銷學教授吉羅德 · 薩爾特曼（Gerald Zaltman）有一個著名的「95%理論」。他認為：人類 95% 的想法、情緒以及學習，都是在無意識下發生的。

這說明了一個很重要的觀點，可以將其應用到我們的外貿工作中。具體而言：95% 的客戶選擇你，其實未必是因為你價格最好、產品最好、性價比最高，是他經過綜合衡量後的選擇。他們可能只是一時衝動，只是主觀上覺得你不錯。我們要抓住客戶，就不應該去找客觀的理由，而應該盡一切可能讓別人喜歡你，覺得你很棒，覺得跟你合作很開心，覺得跟你合作能賺到自己想要的。

我們不能要求所有的客戶都喜歡我們，這不現實，沒有人能讓所有人都喜歡。但是我們可以儘量把事情做好，把細節做好，讓客戶不那麼討厭我們。

這裡，我列舉了八類最不受歡迎的工作方式。業務員們可以對號入座，哪條或者哪幾條是自己經常犯的、需要改正的。

第一種 「擠牙膏」型

在我總結的八種不受歡迎的類型裡，這種是最不受買家喜歡的。說得更直白些，如果有別的選擇的話，沒有人會有時間和興趣去不斷「擠牙膏」，因為實在太辛苦、太受折磨了。換句話說，如果你想讓客戶心甘情願用「擠牙膏」的方式跟你溝通，除非你的產品獨一無二，或者你的價格獨一無二，讓客戶沒有別的選擇。

客戶最討厭的，往往就是以下這種情況。

讓客戶抓狂的詢價（A depressed conversation）

客戶：請問你們做電動牙刷嗎？麻煩看一下我電郵附件裡的圖片，這一款有沒有？我們希望採購這款牙刷，在德國銷售。如果有的話，麻煩幫我報一下 FOB（裝運港船上交貨）價格，同時請在報價單裡注明詳細的尺寸、產品描述、涉及的材料、包裝資料、外箱尺寸、起訂量等，並提供圖片。謝謝！

業務員：感謝您的詢價，我們有這款電動牙刷，FOB 單價 35 元人民幣。圖片請看附件。

客戶：麻煩提供一下報價單和外箱資料，以及相關的產品資訊，並提供 FOB 美元價格。

業務員：好的。

（客戶經過多次郵件和電話催促後，終於催來了報價單。不過可惜的是，裡面資訊依然不全，除了產品圖片，兩三句簡單的描述，一個 5.38 美元的 FOB 單價外，還是沒有別的資訊……）

客戶：請問一個 20 尺小櫃和 40 尺平櫃能裝多少？我這邊要計算一下海運費。

業務員：20 尺櫃可以裝 89,568 個，40 尺櫃可以裝 179,136 個。

客戶：明白，那外箱尺寸具體是多少？多少個裝一個外箱？

業務員：48 個裝一個外箱。尺寸我要讓同事算一下，晚一點發給你。

客戶：麻煩一併提供一下外箱的毛重和淨重。

業務員：沒問題。

客戶：報價單裡你寫的材料是 plastic（塑膠），請問是哪種塑膠？ PP

（聚丙烯）還是 ABS（丙烯腈）？

業務員：是 ABS。

客戶：牙刷頭和牙刷手柄都是 ABS 材料嗎？

業務員：不是的，手柄是 ABS，但是牙刷頭是 POM（聚甲醛）。

客戶：手柄和開關的橡膠部分呢？是 PVC（聚氯乙烯）嗎？德國市場很嚴格，我們不接受 PVC。

業務員：不是 PVC，是 TPR（熱塑性橡膠）。

客戶：那牙刷的刷毛是什麼材質？

業務員：我們用的是杜邦尼龍。

客戶：這款電動牙刷你們出口過德國嗎？

業務員：應該有的。

客戶：能告訴我銷售給哪些客戶嗎？是進口商？還是零售商？

業務員：不好意思，這是我們的公司機密。

客戶：那你們做過哪些測試呢？

業務員：我們進行過 CE（歐盟 CE 指令）和 FDA（美國食品藥品監督管理局）相關測試。

客戶：FDA 是出口美國市場需要的，而 CE 是歐盟認證。我想知道的是，你們有沒有做過其他物理或者化學方面的測試？

業務員：這個我要問一下。

客戶：有沒有做過 LFGB（德國新食品和飲食用品相關檢測）？還有 PAHs（多環芳烴）、Phthalates（鄰苯二甲酸鹽）、Cd（圓二色譜）檢測？

業務員：我要問一下老闆。

客戶：有沒有清晰一點的產品大圖？你報價單裡的圖片太小了，看不清楚。

業務員：我去拍一下，回頭發郵件給你。

客戶：那請問你們的起訂量是多少？

業務員：5000 個。

客戶：我們能否先下試單，比如 3000 個？

業務員：不行，這樣的話，我們單價要漲 20%。

……

機械「互動」不可取

很多朋友都經歷過這樣一問一答式的「互動」。我把「互動」這個詞打上引號其實是一種諷刺。因為這根本就不是互動，而是客戶一直追問，業務員只是回答。這裡面，客戶推一下，業務員動一下，業務員沒有任何主動的行為，沒有提出任何建議或方案，沒有展現出任何優勢，只是機械地回答客戶的疑問。

這或許是大多數業務員的通病，不知道該怎麼應付客戶，不知道該說些什麼。一旦客戶沒有回覆，就只懂得催促進展如何、什麼時候下單、有沒有最新消息。從來不去思考為什麼會沒有下文？是不是自己的工作方式有問題？是不是報的價格有問題？是不是還有什麼別的原因？

上面的案例其實是一個特例，因為很少有客戶會如此有耐心，一次次地提問，一次次等待業務員的回覆。大家或許覺得這沒什麼，那是因為很多環節沒法在案例中體現。如果把每一個疑問和每一個回答，都拆解成一封一封的郵件，大家就會明白，為什麼客戶會消失，會不回覆，會沒有下文。實際上，客戶往往不想這樣「擠牙膏」，而這種「互動」方式會使業務員錯過最佳溝通時機，也許就在這漫長的過程中，客戶的採購計畫已經

變了……

◼ 如何體現你的專業性

那麼，怎樣的回答才可以讓客戶滿意呢？我們可以回歸客戶最初的詢價。

高效完整的報價（High efficiency offer with full details）

客戶：請問你們做電動牙刷嗎？麻煩看一下我電郵附件裡的圖片，這一款有沒有？我們希望採購這款牙刷，在德國銷售。如果有的話，麻煩幫我報一下 FOB 價格，同時請在報價單裡注明詳細的尺寸、產品描述、涉及的材料、包裝資料、外箱尺寸、起訂量等，並提供圖片。謝謝！

如果用英文表述，客戶的郵件可能是這樣的：

Dear Michael,

Glad to hear that you're a manufacturer of electric toothbrush in China.

Now we are looking for the item as attached photo for Germany.

Do you have the exactly same item? If possible, please send me offer sheet with FOB price. Please also help to provide us with the product size, specification, material, carton measurement, MOQ, photos, etc.

We look forward to hearing from you soon.

Thanks and best regards,

Nina

　　假設這位德國客戶 Nina 寫了這樣一封詢價的郵件給業務員 Michael，這時候 Michael 要做什麼？必然是第一時間給 Nina 準確詳細地回覆。因為 Nina 要報價單，也要相關資訊，所以 Michael 必須根據 Nina 的要求有針對性地回覆，這是基礎。如果要更進一步增進對方的好感，那僅僅這樣還不夠，還需要體現自己的優勢和特點。如果 Michael 能做到以下的水準，相信一定會給 Nina 一個非常好的第一印象，也一定能打敗大批同行。

Dear Nina,

Thanks for your kind inquiry! We have the same model as your photo.

Here is our draft offer below. And please check the attachment for offer sheet and product photos in detail.

Product name: Electric toothbrush

Category: Dental care

Item No.: FET-275x

Material: ABS body, TPR handle and switch, POM replaceable head, Dupont Nylon bristles, lithium battery, and other accessories

Product size: 3cm x 26cm

Cleaning action: sonic- 31,000 cycles/min

Power source: Rechargeable lithium battery

Battery life: Up to 30 min per charge

Charge time: 12 hours

Charge indicator: Yes

Guarantee: 1 year

Packaging: 1 pc/color box

Pcs/carton: 48 pcs/carton

Carton size: 38cm x 28cm x 14cm

Pcs per 20'/40'/40' HC: 89,568pcs/20'; 179,136pcs/40';

211,104pcs/40' HC

Gross weight/ Net weight: 22.5kg/21.5kg

MOQ: 5,000pcs

Testing report: LFGB, PAHs, Phthalates 6P, Cd, etc. by SGS

FOB price: USD 5.38/pc

We have exported this item to Germany for several years. Please don't worry for the quality. I will send you our testing reports for your reference in a separate email.

Please feel free to contact us if you have any further question.

Thanks & best regards,

Michael

這是 Michael 回覆的第一封郵件，雖然看起來很長，但是全部言之

有物。他首先對客戶詢價表示了感謝，告訴 Nina，我們有與你要求的一模一樣的產品。然後把報價和相關資訊寫在郵件正文裡，同時也根據客戶要求，準備好了詳細的報價單以及產品圖片，並將它們插入了附件。這樣做，一方面是為了讓客戶在收到眾多供應商報價郵件時，在沒有點開附件的情況下，就能看到己方給出的專業報價和產品的詳細資訊。先給客戶一個好印象，再吸引她去點開附件的報價單和產品圖片。

郵件隨後強調了這款產品已經出口德國多年，請對方不必擔心品質問題，也表示會另外寫一封郵件將測試報告發給她。這既強調了己方在德國市場經驗豐富，同時也讓對方知道，我方手裡有測試報告。用證據和事實來說明自己的產品品質是沒有問題的。

然後，Michael 又跟進了第二封郵件：

Dear Nina,
Here enclosed the testing reports for your review.
Thanks,

Michael

第二封郵件，就是為了回應第一封郵件裡留的尾巴——「測試報告」的問題。可能大家會有疑問，為什麼不把測試報告一併在第一封郵件裡給對方？其實這不僅是為了不讓一封郵件內容太多，附件太大；也是為了讓客戶覺得自己專業，一封郵件只說一個主題。另外在表述上條理清楚，層次分明，也更容易贏得對方好感。

發送測試報告的時候，只需要在附件裡插入檔案就行，正文內容不

用寫太多，一兩句話說清楚就可以，也沒有必要再大打廣告。

　　然而，這兩封郵件，只是做到了「效率」「完整」這兩個方面，吸引了客戶的眼球，能讓 Michael 在同行中脫穎而出嗎？其實未必。因為能做到這兩點的，還有很多競爭對手。那 Michael 要讓 Nina 滿意，就必須突出優勢，再往前多走幾步。

　　他可以馬上跟進第三封郵件：

Hi Nina,

It's me again!

Regarding the electric toothbrush, I have 2 suggestions for packaging.

1) Color box as I quoted.

2) Double blister with display box. (It seems better to display it inthe retail stores for consumers and only cost 10 cents more for each piece.)

Please check the attached photos for color box & double blister with display box for comparision.

Best regards,

　　　　　　　　　　　　　　　　　　　　　　　　　　　Michael

　　當然，這封郵件發送後，可以繼續寫第四封：

Dear Nina,

FYI. Attached is our factory audit report by INTERTEK.

Thanks and best regards,

Michael

　　這封郵件繼續補充了內容，發送了驗廠報告給客戶參考，向客戶闡述了己方的優勢和專業，也表示工廠是經過檢驗的，管理和生產都沒有問題，消防、環保評估、人權、反恐等也可以達到歐美的要求。

　　你如果覺得還不夠，當然還可以跟進第五、第六、第七封郵件。比如第五封可以專門發送一些現有的產品圖片，其他德國客戶購買的產品；第六封可以寫一下自己對於德國市場的看法，並旁敲側擊地探查客戶的產品定位和通路；第七封可以寫己方新開發的、準備投往德國市場或者其他中歐市場的產品，請她參考，並回饋意見。

　　這就是我在 2010 年研究出的 mail group（郵件群）跟進法，在我當年發布在福步論壇的文章裡有提及，也在我的第一本書《外貿高手客戶成交技巧》裡進行簡單的分析。這麼做的目的就是要讓你更加專業化，讓你在報價的第一時間，就給客戶一個大大的 surprise（驚喜），在起跑線上就領先同行。

　　看了上述這兩個案例，希望讀者朋友們思考一下：假設你是 Nina，你會對哪種業務員更滿意？在不認識的前提下，誰會贏得你良好的第一印象？誰會讓你願意繼續溝通下去？我想答案是顯而易見的，客戶一定不喜歡「擠牙膏」型的業務員！

二、「拖延症」型

拖延症這個詞，英文中有一個專門的單詞 procrastination，就是指做事拖拖拉拉，總是在沒理由的情況下拖延工作進度。

比如收到客戶的詢價郵件，有的業務員明明可以馬上回覆，手中也有現成的資料和價格，但就是不回覆，一定要拖到快下班，才慢條斯理地去整理報價單。一旦時間不夠，或者臨時有其他事情冒出來，他可能就會拖到明天、後天，甚至更晚。

如果客戶催促，他可能會優先處理一下；如果客戶不催，他可能還會一直拖延下去。

案例 1-3

難以容忍的拖延 （Delay,delay and delay）

這是我當年的親身經歷。

那時候我剛進入外商，給一家美國公司打工。第一天上班，上司就交給了我一項任務——進行電腦公事包的詢價，讓我盡快完成。

我在網上找了兩個新供應商，分別寫郵件過去詢價，提供了產品的詳細圖片、要求、預期數量、付款方式等；然後又分別致電，告訴對方，我是某某公司的誰誰誰，需要採購一款公事包，具體要求已經發送電郵，請查收。

兩家的反應都很快，馬上就給了回覆。回覆裡有簡單的報價，但資料都不全。跟「擠牙膏」型業務員不同的是，這兩位業務員都很積極，只要我發郵件過去，就一定當天回覆，但往往總是告訴我：「我們正在

核算，會盡快給你答覆」「我已經轉給經理了，一有消息就通知你」「我會盡快給你消息的」「我估計下週一可以給你準確的報價」……

哪怕我一次次催促，他們依然是上述答覆。即便我換一點新花樣去問，答案還是在空中飄著。最讓我記憶猶新的是，我每天都用郵件加電話轟炸他們，居然還是等了整整一個月，才拿到報價單。

其實我的上司早就不耐煩了，訂單已經下給了公司的老供應商。等我終於拿到詳細報價單和相關資料，提交上去的時候，他冷冷地扔給我一句：「我希望以後不要再發生這樣的事情。」

那是我最難堪的一天。因為我的上司不會過問我的工作方式，他要的是結果。不管我是不是每天催，不管我催促得是否及時、到位，他都沒興趣知道。他只看到，我沒有完成任務，拖延了這麼久，什麼商機都沒了。很多項目，很多訂單，都是有時效性的，而且時效性在很多時候，甚至比價格本身更重要！

我們換位思考一下，假設你是採購商的買手，你會不會選擇這樣的供應商？我相信，如果在有選擇的情況下，你一定不會選。因為不管對方因為什麼原因拖延，這個拖延都會給你造成極大的麻煩和困擾，它就是一顆不定時炸彈，隨時可能爆炸。

拖延其實是一種病態的工作方式，是因為沒有做好工作規劃，沒有工作方法，想到什麼做什麼，沒想到就暫時不做。客戶催了，就動一下；客戶不催，就放著以後再說。

■ 「輕重緩急」分類法

　　這裡我需要強調一點，每一名業務員都必須在每天的工作中，分清輕重緩急，然後一步步去處理日常工作。有些業務員有做筆記的習慣，先把今天要做的事情列出來，然後做完一件，勾掉一件，如果想到新的事情，就再添加進去。

　　這種工作方式其實不錯，雖然看起來煩瑣一些，但是在剛開始工作的時候，能幫助我們理清思路，不至於忘記這個，丟了那個，又或者一不小心忽略了重要的事情。

　　與此同時，我建議在這類整理的情況下，再把 daily-working issues（每天要做的事情）做一個系統性的分類。先看下面這張圖：

<u>圖1-1</u>　重要和緊急（Importance & Urgency）〔毅冰製圖〕

　　上圖中的 I 表示 Importance（重要）、U 表示 Urgency（緊急）。我們可以把日常工作分為四類，第一類是 I&U──「很重要，也很緊急」；第二類是 I──「很重要，但不緊急」；第三類是 U──「不重要，但很緊急」；第四類既沒有 I 也沒有 U──「既不重要，也不緊急」。

我們首先要做的，自然是 I&U，最重要也最緊急的；最後要做的，自然是不重要也不緊急的。那剩下的兩塊——I 和 U，究竟是先做 I（很重要但不緊急），還是先做 U（不重要但很緊急）？我建議，根據具體情況分析。假設是核心客戶、老客戶的問題，那不管是 I 還是 U，都要優先處理。剩下的部分，我建議先處理「緊急但不重要的」，然後處理「重要但不緊急的」。因為緊急，往往時效性更加突出。

所以要避免拖延症，我們首先要做的，就是讓自己每天的工作有條理，做好統籌規劃，不至於因為一個意外事件的發生，或者一個不速之客的拜訪，就手忙腳亂。有條理，工作才會有效率。

三、「妄想症」型

這個類型的業務員我們在日常工作中經常碰到，有「懷疑一切」的態度和勇氣，比如以下的幾種情況：

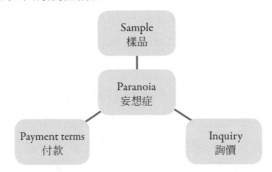

圖 1-2　妄想症的表現形式（Paranoia Issues）〔毅冰製圖〕

樣品談判環節：很多客戶非常熱心，願意提供到付帳號。但很多業務

員就是「不信」，擔心樣品寄出了，客戶會不會拒付？拒付以後樣品又會寄回來，公司是不是需要承擔雙倍快遞費……

談付款環節：業務員堅持使用 T/T（電匯），要求客戶必須交定金，還必須在發貨前付清所有款項。原因就是擔心客戶違約，擔心客戶見提單影本不付款，擔心客戶跟貨代、船公司等勾結而無單提貨，擔心客戶拒付信用證，擔心客戶騙貨不給錢……

客戶詢價環節：業務員會根據客戶國籍、公司、郵件內容等資訊猜測。比如這個詢盤數量那麼大一定是假的，那個詢盤一看就像套價格的；這個詢盤信息不全很可疑，那個詢盤是印度的肯定做不下；這個詢盤品質要求太嚴根本做不到，那個詢盤中一堆工程圖肯定沒人願意報價……

在商場上，不能輕信別人，要控制風險，要注意細節。但是無休止的懷疑，因為懷疑而懷疑，無端懷疑一切，主觀臆斷一切，就屬於妄想範疇了。

我想說的是，並非所有客戶都是騙子，並非所有客戶都會為了騙一個樣品而大費周章，並非所有客戶都會做非法生意。這個世界上的大部分商人，還是正直的、誠信的。信譽比什麼都重要，比什麼都寶貴。無端去懷疑，惡意去揣測，傷害了客戶不說，還讓自己失去很多寶貴的生意機會，路會愈走愈窄。

比如寄樣品，如果客戶能提供到付帳號，那就大大方方使用對方帳號安排快遞樣品；如果對方沒有帳號，而樣品費用和快遞費又非常高昂，不妨做 PI（形式發票）過去請對方付款。可能偶爾會碰到一些不誠信的客戶，給了帳號，但是由於海外銷售情況有變，樣品寄出後，對方不想要了，就拒付。這種情況不是完全沒有，但一定是非常少的。我們不能因為極少數的個案，而否定世界上大多數客戶的誠信。

比如付款方式，一味堅持發貨前付清款項，往往會讓客戶疑慮和擔

憂，也會影響對方的公司流程。這樣做，己方完全沒有風險，風險被100%轉嫁到客戶一方，試問對方怎能毫無保留地信任你？這樣一定會失去很多機會，失去很多潛在客戶。何不考慮在付款方式上靈活一點，根據不同客戶的要求，根據實際情況來達成共識？至於付款方式的風險控制，當然必要，可以考慮通過中信（中國出口信用保險公司）保來規避和轉移風險。

比如詢價，根本無須去懷疑一切。每個客戶的風格不同，工作習慣也不同，僅僅依靠一封詢價郵件就推測詢盤真偽，就推測訂單數量和價格是否能讓客戶滿意，這就有點杞人憂天了。為什麼不努力去爭取每個機會，努力去應對每個詢盤呢？與其花時間去猜疑，不如踏實工作，認真處理每一件事。

所以千萬不要做一個「妄想症」型業務員。特別建議外貿新人們，不要因為接受了一些「前輩」們所謂的「經驗」，而忽視了最基本的生意原則──「誠信」「認真」「踏實」。不如放開心胸，試著去信任對方，認真對待每一個詢價，認真處理每一件事情。把生意建立在相互理解和信任的基礎上，才能在贏得訂單的同時，也爭取到客戶的心。

四、「心急如焚」型

我先說明一點，這裡的「心急如焚」可不是什麼褒義詞，而是指連續催促，催到客戶厭煩，催到客戶不得不用消失來應對，甚至直接把業務員的郵子郵件拉進黑名單。這種情況並非說說而已，也絕對不是個案。

很多買手非常厭惡的就是供應商無休止的 push（催促），他們有被掐著脖子的感覺。因為任何項目，可能進展快，也可能進展慢，又或者中間

有很多變化，這些都需要時間，都需要雙方探討，而不是單方面地埋頭催。

適當的催促，提醒客戶專案進展，了解最新情況，是必要的。但一定要把握好這個「度」。什麼時候催？怎樣催？隔多久再跟進？都是非常有講究的。一個不當，就容易讓對方反感。

有朋友問，不催怎麼知道客戶有沒有消息？怎麼知道訂單有沒有下文？我的回答是，**可以催，但是每次催促都必須有效，不能隨意浪費**。

案例 1-4

讓人崩潰的催促（Overwhelming push）

Tom 是深圳某貿易公司的業務員，負責電腦滑鼠的出口工作。他前幾天剛給在展會上認識的美國客戶 William 報了價，也按照客戶要求寄了兩款樣品。

Tom 一開始還是不錯的，樣品寄出後，給客戶提供了詳細的樣品照片，告知了客戶快遞單號，也告訴了對方樣品預期到達的時間，請客戶關注。這個步驟，得到了 William 的讚許。但是接下來，問題就出現了。

第二天——Tom 一上班，就寫郵件問 William 要 Skype（網路電話通訊軟體）或者 MSN（即時通訊軟體）帳號，希望平時溝通方便些。William 出於禮貌，也因為考慮到以後的合作，就給了他 MSN 帳號。

第三天——Tom 就開始通過 MSN「騷擾」William。開始是不痛不癢的寒暄、問好，然後就是諮詢客戶的公司情況，平時的採購規模，現有的供應商等。William 都一一回覆。

第四天——依然是一見 William 上線，Tom 就馬上打招呼。

第五天——Tom 實在想不出如何跟客戶「互動」了，就主動寫電子郵

件推薦產品。

第六天──Tom 查詢快遞已經到美國了，就寫郵件請 William 注意，並提醒對方儘快確認和簽收。同時在 MSN 上給他留言。

第七天──Tom 在快遞公司網站上查到快遞「已經簽收」，連忙寫郵件問 William「樣品怎麼樣？什麼時候下單？」同樣的動作，他在 MSN 上又做了一遍。

第八天──Tom 儘管收到 William 回覆的「需要時間確認」，依然跟進郵件：「請儘快給予答覆，我們的價格很好，我們的產品很好，我們很希望跟你合作……」

第九天──仍然是郵件轟炸。Tom 問 William「什麼時候能有消息？什麼時候可以下單？」沒有收到郵件回覆，也沒有收到 MSN 消息，就打電話過去問。當 William 在電話裡告知 Tom，至少需要一週確認產品和細節之後，Tom 算是消停了些。接下來的幾天，Tom 雖然沒有進一步郵件催促，但依然是 MSN 上一見對方上線，就「噓寒問暖」。

第十六天──算算客戶說的一週時間到了，Tom 立馬跟進郵件：「有消息了嗎？可以下單了嗎？」William 沒有回覆。

第十七天──Tom 繼續跟進郵件，繼續催促，然後算好時差致電對方，提醒 William 回覆郵件。

第十八天──感恩節快到了，Tom 寫郵件問候 William，並給對方發送了電子賀卡，同時在 MSN 上給 William 留了言。

第十九天──Tom 繼續郵件詢問，「樣品都那麼久了，現在能給我回饋嗎？」William 沒有回覆。

第二十天──Tom 繼續發郵件催促，依然石沉大海。想 MSN 上留言，發現已經被 William 拉進黑名單。打電話過去，也沒人接聽。

於是 Tom 就開始跟上司、同事抱怨遇到了騙子，說對方是來騙樣品的。

這個案例並不是我編造的，而是幾乎每天都在真實發生的。有的時候客戶詢個價格，會在很長一段時間裡被催促、被詢問。催促本身不是問題，是「跟進」的重要環節。但千萬要注意，**不能把催促當成日常工作，也要儘量避免過多地使用聊天工具去催促客戶。**

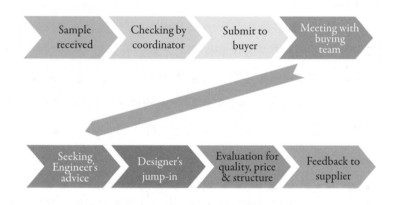

<u>圖 1-3</u>　收到樣品後的工作流程（Example for Sample Process）〔毅冰製圖〕

◾ 掌握火候，伺機而動

在客戶處理一個專案的過程中，樣品只是其中一個環節，而往往對方收到樣品後，還有很長的流程要走。每個公司情況可能不同，有些回饋很快，有些回饋需要很長一段時間，甚至大半年都有可能。**公司愈大，內部**

環節就愈多，分工就愈精細，回饋時間也可能愈長。對供應商而言，跟進沒有錯，催促也沒有錯，但是要把握時機，要掌握火候，以免造成反效果。

你可以設想一下，假設你去看了一個樓盤，然後售樓小姐每天電話加簡訊轟炸你，你是什麼感受？一開始可能出於禮貌，你會告訴對方自己考慮考慮，或者需要比較一下。但是時間一長，你一定會覺得厭煩，會把對方拉進黑名單。

在實際工作中，客戶索要樣品，往往是有理由的。可能因為你的價格合適，他需要看看實際的產品究竟品質如何；可能因為你的價格高，他要看看究竟值不值這個價；可能因為幾個供應商都在報價，他需要樣品來進行比較，選擇最合適的；可能是因為這個專案比較急，他需要儘快拿到樣品，然後考慮是否進展下去；也可能是因為他是中間商，需要給他的客戶提供報價和樣品。

我們可以肯定的是，一般情況下，客戶索要樣品，都是希望將項目進行下去。大家的時間都很寶貴，如果不是因為樣品的貨值極高，或者有極高的技術含量，客戶不會浪費時間來來回回與你溝通。為了「騙」一個價值幾美元的樣品，還要搭上幾十美元的快遞費，這虧本生意，相信沒人願意做。

五、「十萬個為什麼」型

這裡的「十萬個為什麼」，不是正常的業務溝通，也不是需求探討，而是一種「自認為專業」的質詢，或者可以理解為質問，會讓對方感覺非常不好。或許可以用我的一次親身經歷來說明。

一次令人沮喪的溝通（A gloomy contact）

　　2008 年的某天，我接到美國總部的郵件，裡面是一張我國廈門某個工廠業務員的名片，那個人叫 Anthony。上司 Martin 告訴我，這個供應商的名片是他去年在廣交會拿到的，對方生產帳篷、吊床之類的戶外用品。他讓我聯繫一下 Anthony，請他推薦一些適合美國市場的帳篷，並提供報價。

　　下面是我當年發給 Anthony 的郵件正文：

Dear Anthony,

This is C from ×××. We're an American retailer with more than 130 stores in US.

We got your name card at the Canton Fair and had interest in your tent, gazebo and hammock.

Could you recommend us for some items which meet the needs of US market? Please send us offer sheet with photos in detail.

Thanks and best regards,

C

　　然後我又打電話催了幾次，Anthony 的郵件才姍姍來遲：

Dear C,

Thank you very much for your inquiry.We have some questions

below.

1. Pleasw visit our website www.XXX.con.cn. We have so many different products and couldn't give you offer for everyone. Please select them and tell me the itme numbers.So we can give you price correctly.

2. Please also advise us of your order quantity. Because the quantity difference will cause the price difference.

3. What are your payment term? We can accept T/T before delivery.

4. What is your postion in this company? We don't do business with traders in China. Please send me your business license for confirmation.

5. Is Martin your customer is America? How many years have you cooperated with him?

6. Have you purchased these items from other factories? What is the quality level? What about the price range? Please send me some photos for check.

7. Which material do you like? Packaging method? Logo printing?

8. Will you do the inspection before delivery?

9. What is your request for the delivery time?

We look forward to hearing form you soon. Thank you.

Regards,

Anthony

姑且不論 Anthony 的談判和溝通思路如何，至少在我第一封詢價郵件發過去後，他就如此長篇大論地「質詢」，一個問題接一個問題地問，讓人非常反感。這往往會讓人產生不好的聯想：我難道是你的犯人？我有必要一一對應地去回答你的問題嗎？更何況，這問題中的第五點還充滿不信任因素，認爲我在欺騙他。如果一開始就引人不快，後續該如何推進呢？

在這裡舉出這個例子，只是希望說明一個事實：**買家希望得到的，是正面的信息**。你可以有疑問，可以提出問題溝通，但這都是爲合作而服務的，並非居高臨下的質詢。這個案例的後續進展，我會在本章的第二節做詳細的分析。

六、「出爾反爾」型

只要是正當商人，都必然非常不喜歡出爾反爾的人。因爲這涉及信譽問題，答應的事情一定要做到，出爾反爾在商場上會爲人所不齒。**對於業務員而言，在跟客戶溝通的時候，一定要非常愼重，任何事情都要三思而後行，千萬不要大話說在前，做不到的時候，再找藉口推脫。**

我們常常參加各類展會，經驗豐富的業務員都知道，展會是直接面對客戶的最好機會，畢竟雙方可以當面談、當面探討，一旦達成共識，後續拿下訂單的概率是很高的。爲了避免同行搶單，業務員往往會在老闆的授意下，在展會上給客戶報較低的價格，以爭取成交機會並與客戶保持聯繫。一旦價格報高了，可能就會使客戶被報價較低的同行搶走。

爲此，業務員們傷透了腦筋。價格報高了，往往連後續跟進的機會都沒有；價格報低了，回頭老闆一句「這價格做不了，給客戶漲點價吧」，就會使業務員非常被動，而在客戶面前，就留下了一個「出爾反爾」的印象。

報價後的海外環節（Overseas procedure after offer confirmed）

　　買手非常忌諱「出爾反爾」。一旦客戶詢問了價格，確認了價格和產品的細節，往往就會往下開展一系列的工作。比如貨比三家，比如啟動產品的海外銷售環節，比如設計開發思路和廣告流程，比如租用倉庫為後續的倉儲做準備，比如讓設計師開展包裝的設計工作。這一系列工作，可以同步進行。等到海外環節完成後，客戶就會跟供應商探討付款方式和一些實際問題，並下採購訂單。

　　如果在這個時候，業務員說「抱歉啊，展會上的價格，我們現在沒法做了，要漲價 10%」，客戶會是什麼想法？可能他心裡會想：你在浪費我的時間和金錢。我在美國把所有的開發工作都做完了，跟上司確認了採購價，跟我的客戶談好了銷售價，每個環節的成本和利潤都計算好了並完成了預算，可以啟動這個項目了。這時候你跟我說要漲價 10%，你讓我怎麼向我的公司、向客戶交代？我的上司認為我無能是小事，我的信譽掃地才是大事。

　　所以這一類的業務員，也是買手非常非常討厭的。他們往往會給客戶帶來很多的重複性工作，還會讓很多已經確認好的事情變成無用功。情節嚴重的，會直接影響客戶的商業信譽，甚至給其帶來官司。

七、詆毀同行型

在歐美一些商業環境成熟的國家，大家是非常反感詆毀和攻擊同行的行為的。因為這種行為既無助於提高自己的銷售額，還會使雙方互相指責和攻訐，讓雙方在消費者心裡的地位都一落千丈。這本身就是一個「雙輸」的行為，所以聰明人不屑於為之。

對買手而言，無論是篩選供應商，還是選擇合適的合作物件，都有自己的一套衡量標準。他們會考慮利弊得失，考慮利益平衡，考慮訂單安全，考慮很多很多的因素，還會加上自己主觀的判斷。

如果某個業務員告訴買手：「你原來合作的工廠東西不好，品質很爛，我們的產品比他們的好。」這時候買手會怎麼想？會覺得業務員的話值得考慮，應該比較一下雙方的產品品質？絕不可能。事實上，買手一定非常反感這樣的行為，甚至會想，你說我合作的供應商的產品品質不如你們？你是在質疑我的專業？還是覺得我無能，在嘲笑我？

一定要讓客戶體會到供應商的誠意和氣度，不要在背後論人是非，讓客戶知道自己的優勢和與眾不同就足夠了。買手都不傻，業務的好壞，一定能明白；價格的高低，一定能知道；產品的優劣，一定能判斷。千萬不要試圖用自己的想法去影響別人，而要以一種柔性的手段，潛移默化地讓對方覺得你是合適的供應商。

八、公然撒謊型

「誠信」是經商的第一要務。對買手而言，如果一個業務員經常公然

撒謊，他還會繼續與其合作嗎？一般不會。哪怕因為某些原因不得不合作一些項目，買手也會因為過去的謊言，對業務員說的每句話都打個問號。

沒有了信任，合作的基礎往往也不復存在了。雙方哪怕為了利益勉強合作，也會因為生意中的矛盾和裂痕的逐步擴大，而終止合作。這只是時間問題。

案例
1-7

一個接一個的謊言（Lie a lie and a lie）

貿易公司的業務員經常遇到一個問題，就是工廠交不出貨，延遲交貨期。

一開始，客戶要求 2 月 20 日交貨，業務員跟工廠確認後，發現時間有點緊，但是勉強可以做到。於是，為了拿下訂單，業務員就滿口答應客戶，「交貨期沒問題，下單吧」。

可是 1 月初，這批貨應該安排生產的時候，工廠安排了別的更加緊急的訂單。1 月中，業務員好說歹說，終於讓工廠把這個訂單排進了生產計畫，結果不到一周，農曆新年來了，工廠放假了。

2 月初，貿易公司開始上班，但工廠要到正月十五才復工。2 月中旬，客戶已經發郵件催業務員交貨，業務員明知沒法做到，還是寄希望於工廠能儘快趕工，便敷衍客戶，會儘快交貨。

2 月中旬，工廠終於開工，又發現產品的某個配件出了問題，只能重新採購，交貨期就拖到了 3 月初。於是業務員就開始撒謊：「因為中國新年的問題，工廠停工，勞動力缺乏，我們剛恢復工作，交貨期要到 3 月初。」

到了 3 月初，工廠發現原先定做的外箱尺寸計算錯誤，沒法裝下，只能重新採購。業務員在客戶一次次催促的過程中，不願意承認自己的工作失誤，於是繼續撒謊：「我們的配套工廠上班比較晚，剛開工，所以一些配件還沒到位。」

3 月中，工廠老闆接了大訂單，主要的生產計畫都安排成了自己的訂單，貿易公司的訂單又被往後推了。業務員在溝通無果的情況下，只能繼續撒謊：「我們的模具有點問題，要修補模具，需要兩週時間。」

又過了兩週，工廠還是在做自己客戶的大單，只是勉強派了三五個工人，繼續原訂單的生產和組裝。但是業務員已經沒法對客戶解釋了，只能接著撒謊：「我們工廠這幾天在做消防檢查和環評檢測，所以要停工幾天。」

又過了一週，訂單依然完成了不到 50%，業務員只能繼續撒謊：「訂單差不多完成了，請看附件的產品圖片，我們會盡快訂艙。」然後是問客戶催餘款。

又過了幾天，客戶質問為什麼依然沒有安排訂艙出貨，業務員發現已經把能找的藉口都找了，能撒的謊都撒了，就來個終極版的：「我們工廠遭遇火災了，一個庫房受損嚴重，大約 50% 的貨被燒毀，我們在重新整理恢復生產，會盡快出貨。」

一次又一次編排的謊言，終於在客戶派員來工廠調查時全部破滅。

這樣的情況不少見。業務談判中，供應商為了拿下訂單，什麼都說好，什麼都說可以接受。結果實際工作中出現麻煩了，也不注重溝通，只

會「捂蓋子」，希望客戶不知道，儘快將問題敷衍過去。結果就因爲一次次撒謊，把自己的信譽徹底撕毀了。試問，客戶如何能接受一個一次次找藉口推脫的供應商？

出問題，可以理解；有麻煩，可以接受。買手需要的，其實是一個眞相，一個解決方法。

毅冰說：

上述情況，總是在不經意間發生，但就是這些不經意或者煞費苦心的經營，往往成了業務員失去訂單的罪魁禍首。在掌握好與客戶溝通的技巧、方法的同時，也要有意識地形成自己為人處世的準則，真誠、謙和，懂得換位思考。

長久的合作往往建立在，你讓別人體會到你的道德修養和人格魅力的基礎上。在不斷掌握客戶成交技巧、方法的同時，千萬不要忘記修煉自身的品德。

第二節 買手究竟在想什麼

　　除了避免第一節提到的八類問題外，我們還需要思考，究竟怎樣才可以征服買手。是專業？是服務？是效率？是價格？還是個人魅力？又或者兼而有之？

　　很多業務員，都恨不得剖開買手的腦袋看看，他們究竟在想些什麼。報價了沒消息，降價了也沒消息；樣品寄了沒消息，跟進以後也沒消息；拜訪的時候談得好好的，回去以後就沒了下文；樣品價格都能確認，訂單卻遲遲不下……

　　我們會自然而然地去思考，去糾結，想知道買手真實的想法。到底是價格的問題？還是產品的問題？抑或是溝通的問題？然後對症下藥。

　　可現實未必盡如人意，我們往往只能根據蛛絲馬跡去猜測和判斷，甚至用一次次的試探，來推測事情的多種可能性。我將透過三個簡單的事實，來分析買手的思維和想法。

一、不要把買手當怪物

　　在很多朋友眼裡，買手是個非常特殊的職業，掌握「生殺」大權，一句話就能決定訂單下給誰。如果這樣想，那就錯了。我想說，買手也只是生意場上的一個角色，並不是什麼了不起的人，更不是 monster（怪物）。

如果你想以研究怪物的心態去研究買手，那方向就錯了。**正確的方法是追本溯源，換位思考。**

比如，如果你是買手，你喜歡怎樣的供應商？你喜歡跟誰合作？為什麼？你的衡量標準和判斷標準是什麼？

我們可以用一個非常簡單的案例來了解，如何換位思考。

案例
1-8

Amy 的線上網購（Amy's online shopping）

Amy 同學剛入手了一台 iPhone，怕手機劃傷，就決定買一個手機殼。但是在當地，賣這類小配件的商店不多，也比較零散，不容易找到自己心儀的，而且很多店裡的價格都很高，一個塑膠殼動不動就好幾塊。於是 Amy 就打算去網上購買。

Amy 在網頁上輸入關鍵字「iPhone 手機殼」，發現各種款式的都有，各種價格的都有。但頁面太多，價格跨度太大，Amy 根本沒時間一頁一頁去看，去比較。於是她就縮小了搜索範圍，把關鍵字改為「iPhone 7 Plus 矽膠手機殼」，搜索結果一下子就少了很多，開始變得精準。但這樣做還是不夠，她進一步設置價格區間為「50~150」，設置賣家所在地為「珠三角」，再點擊按照銷量排序，並參考了別的買家的評價，結果在第一頁就鎖定了自己心儀的產品。然後，她簡單地跟賣家進行了溝通，選了一款價格為 120 元人民幣的、日系圖案的透明矽膠手機殼，並下了單。

在這個案例中，當 Amy 作為一個 buyer（買手），去採購一款手機殼

的時候，用了很多無意識的手法。這其實就是一個專業買手的採購技能。

■ 第一步，關鍵字搜索

一旦發現原有關鍵字無法精確找到自己需要的產品，你就需要進一步把關鍵詞細化。

■ 第二步，價格區間考慮

只要是買手，一定會考量價格，心裡至少會有一個大致的價格區間，知道自己的 budget（預算），知道哪個價格可以接受，超過哪個點就只能放棄。

■ 第三步，區域設置

比如我國香港的買家如果在內地的珠三角地區採購，物流就很便利，而且這兩個地區都屬於粵語地區，買賣雙方溝通也不是問題。如果該買家在北方採購，不是不可以，但是距離和溝通都會有一些不便。在可以選擇的情況下，誰都希望採購和溝通的過程可以更加方便。

■ 第四步，背景考量

買手在下單前，會考慮幾個因素，那就是供應商是誰？這個供應商是否可信？

Amy 網購的時候，懂得按照銷量排序，了解別的客戶的評價，以此來決定這個賣家是否可靠。同理可得，一個專業的買手，在選擇供應商的時候，自然也會關注這個供應商的背景。他給誰供貨？別的客戶如何看待他？他有沒有收到很多投訴？

◾ 第五步，價格和付款方式確認

買手什麼都了解過、比較過、核算過、評估過，選好了供應商，選定了產品後，才是價格最終的談判和選擇階段。前面的價格估算，是初步的篩選。我要買曳引機，你推薦給我保時捷，那我們自然沒法談到一塊兒去，因為不同的價格區間代表了不同的產品，不同的需求。只有買手選定了供應商，選定了產品，又完成了上述四個步驟，才會進入最終的價格確認和付款方式確認的階段。

或許上述案例還略顯單薄，畢竟簡單的網購跟複雜的國際貿易還是有區別的。

除了價格，付款方式是另一個重要的考量標準。當然，這免不了又要經過幾輪談判，多次的拉鋸戰。

如果用圖表來總結這五個步驟，就是下面這個圖：

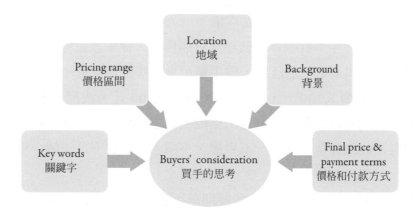

圖1-4 買手的思考（Buyers' Consideration）〔毅冰製圖〕

二、不要隨意欺騙買手

無論做國際貿易還是國內貿易，大家最忌諱的是什麼？往往是合作夥伴不誠信，謊言張口就來，藉口隨時都有。

賣方擔心客戶無誠信、欺詐、騙資料、騙樣品，自己辛辛苦苦卻是「為他人作嫁衣裳」。

買手擔心供應商欺詐，付了定金「打水漂」，品質出問題，交貨期有麻煩，業務員接訂單的時候什麼都說 OK，可結果卻是「一失足成千古恨」「再回頭已百年身」。

所以人與人之間，不管是相處也好，交朋友也好，做生意也好，都不要隨便去欺騙別人。哪怕只是一件很小的事情、一個無意的細節、一個所謂的「善意的謊言」，都可能引起極大的波瀾。對買手而言，選擇供應商，下訂單合作本身就是一個十分謹慎的過程。他們不會隨隨便便下單，也不會隨隨便便付錢，這是人之常情。

在這個過程中，買手會仔細評估每個環節，會多方面考慮各種因素，以選擇合適的供應商。這時候，買手難免會有些疑神疑鬼。就像我們去買電腦，別家都賣 8,000 元，只有一家報價 7,200 元，我們本能的就會懷疑，那家賣的是真貨嗎？不會是山寨機吧？還是翻新的？這種疑心多多少少都會有，如果完全不在意、不考慮、不擔心，那就不是一個合格的專業買手。

我在這裡要告誡大家，很多疑問是因為對方有顧慮和擔心或不夠信任，才會提出。**這類問題，一定要謹慎回答。要儘量考慮到各種細節，要多換位思考，不要輕易去糊弄對方，不確定的事情張口就來，會使自己失去買手的信任。**

三、不要把買手當傻子

我曾經見過一些朋友，撒謊撒得特別沒譜，只要對方智商正常，都不可能會相信。明知根本糊弄不過去，還要用一些爛得不能再爛的藉口，那不是把買手當傻子又是什麼？

案例
1-9

延期交貨的藉口（Excuses for delaying the goods）

Alex 是一家手工具工廠的業務員，剛接了一個螺絲刀的訂單，數量12 萬把。可是臨近交貨期，Alex 才發現，自家工廠產能不足，剛完成了不到 3 萬把。再加上還有很多老客戶的訂單、老業務員的訂單要優先安排，這剩下的 9 萬多把，估計至少還要兩個月才能做完。

買手寫郵件來詢問交貨期能否準時出貨，Alex 一邊糊弄著說「可以，沒問題」，一邊心裡想著能拖一天算一天，要盯緊生產部門，同時要求老闆支持。最後時間到了，糊弄不過去了，就說模具壞了，需要修理，大概要兩週；兩週後，又說注塑機壞了，要換零件；接下來兩週，說裝配車間工人鬧罷工，公司在緊急處理，還需要一週；又過了一週，什麼藉口都用遍了，還是完成了不到一半的數量，無論如何都解釋不過去了，就索性不回郵件也不接電話了……

試問，這樣一次又一次的推脫，買家又不是傻子，能不知道你在敷衍嗎？其實在大多數情況下，供應商有實際困難很正常，完全可以透過溝通和談判來解決。買手不是一根筋到底的「大棒槌」，有寬限餘地自然可以寬限一下。如果實在沒辦法，要延遲交貨期，也可以協商別的解

> 決途徑。比如把做好的那一部分先發，剩下的是延期、取消，還是發到客戶別的倉庫做其他的銷售之用，都可以具體研究，彼此探討。

買手最痛恨的，就是供應商不說實話。明明做不到，為了接單偏要說可以、沒問題，不到黃河心不死，結果到期限了，才找藉口拖延，才一次次用自己都不信的藉口去糊弄買手，對方怎麼可能高興？怎麼可能接受？

結果自然是，把好不容易開發的客戶徹底得罪了，把好不容易拿下的訂單徹底搞砸了，把好不容易建立的信任徹底破壞了。

所以我們需要積極地去應對，不怕做錯，不怕麻煩，就怕什麼都不做，什麼都 yes，什麼都 OK，什麼都 sure，什麼都 no problem。結果卻是一次次強詞奪理，一次次出爾反爾，一次次畫蛇添足，一次次敷衍搪塞，一次次欺上瞞下，最終受害的，一定是自己！

毅冰說：

　　這一節的主題是「買手究竟在想什麼」，我們需要做的是按部就班，不要胡亂猜疑。買手也是人，也有正常的思維，也會主觀地判斷。所以不論對方怎麼想，作為供應商，一定要守住誠信，堅持該堅持的，不能為了一己私利，隨意欺瞞，信口開河。

第三節　買手需要什麼樣的供應商

從「買」和「賣」的角度上講，最回歸本源的說法是：買方一定希望「物美價廉」；賣方一定希望價格愈高愈好。

所以買手和供應商，本身就是兩個對立的角色。買方關注的是兩個點：物美，東西的品質要好；價廉，價格愈便宜愈好。賣方關注的是一個點：價高，價格愈高，利潤愈好，至於品質是否足夠好，這個問題就在於消費者也就是買手的接受度了。

案例
1-10

電鍋的促銷定價（Tag price of rice cooker promotion）

舉個例子，假設消費者需要購買一個電鍋，只用來煮飯，不需要其他功能，只要價格便宜就好，他的心理價位是 90 元人民幣。消費者的要求是可以滿足的，供應商的成本大約 30 元，各種雜費和運費大約 30 元，剩下的 30 元就是利潤。

可問題來了。供應商給電鍋加個全自動數控介面，可以嗎？當然可以，成本壓縮一下，還是可以控制的，零售價也可以不變，但是利潤就要從 30 元壓縮到 12 元。供應商會這麼做嗎？顯然不會。因為買手的需求擺在那裡——只要一個功能最簡單、價格便宜的就可以。

可能供應商好心，非要做多功能的，但是「好心」容易「辦壞事」。多功能電鍋推出去，90 元的零售價的確可以增加消費者的興趣，以利換量，透過提升品質降低利潤來增加銷售，這是好事。但壞事或許更多，這樣一來容易打亂原有的價格體系，對自家高利潤的那幾款多功能電鍋的銷售產生不良影響，等於自家搶自家生意，這有意思嗎？

所以從上面的案例可以得出結論，買賣雙方真正介意的點，其實有兩個：一是利潤，二是現有的利潤是否會受影響。再總結一下，其實就是一個點：利潤。不管是現有的實際利潤，還是未來的預期利潤，都屬於 margin（利潤）的部分。

一、預期盈利

買手選擇供應商，首先要考量的就是預期的盈利情況。在同等條件下，如果 A 供應商能帶來 40% 的預期銷售利潤，而 B 供應商只能帶來 30%，這時候買手就會面臨抉擇，是直接跟 A 合作，還是跟 B 談談，看是否能有更優越的條件？或者有什麼別的方案可以增加利潤？

出售房產（Selloing a flat）

　　我們可以設想一下，如果你是屋主，手中有一套北京二環以內 30 坪的房產打算出售。你必然會先了解周邊同類房源的售價，來簡單衡量自己的房子到底能賣多少錢。這個環節就是 research，即調查研究。

　　調研以後，你可能會到多個仲介去掛牌，掛出你自己預期的價格。當然，你在這裡可能會要點小花招，將價格略微報高一些，然後等有意向的買手過來談，就可以有一些降價和讓步的空間。這個環節，就是 offer，可以理解為「報價」或者「報盤」。

　　客戶來看了，自然會討價還價，這是人之常情，這屬於貿易環節中的 price negotiation（價格談判）和 counter offer（還價）。

　　最終可能有兩三個買家看上了你的房子，你會賣給誰？顯然，在同等條件下，自然是誰出價高，你就賣給誰。這是很簡單的道理，誰能給你更多的利潤，你就跟誰合作。

　　所以買賣雙方的合作，往往都是在確保預期利潤的大前提下，綜合考慮各種問題，最終再得出結論。細心的朋友們或許注意到了一點，我前面提到一個前提「在同等條件下」，那怎樣才算是同等條件呢？

　　此外，如果利潤達不到預期，那你就需要考慮其他的條件，比如能否給出足夠有力的彌補措施，讓對方願意捨棄一部分利潤？

　　這樣單純用文字描述可能不易理解，我們再透過一個案例，更加直接地體會和思考這個大前提對於利潤的影響。

二、供應商的選擇

1-12

供應商的選擇（Vendors selection）

　　我作為美國 F 公司的買手，在選擇供應商時，總是無比謹慎。因為買手的職責就是要確保供應商、產品、交貨期的穩定和安全，要盡可能幫助公司爭取最大利益，要盡可能讓我採購的產品，在美國獲得消費者的認可。簡單來說，就是我們採購的東西能夠熱賣就夠了。

　　前面的幾個關鍵字，穩定、安全、產品、交貨期，大家都容易理解。那問題來了，怎樣才算是幫助公司爭取到了最大利益？我要補充的是，最大利益，不僅僅是利潤，也不僅僅是得到更好的報價，而是一個綜合的考量，涉及利潤、付款方式、付款安全、溝通成本、潛在風險評估等方方面面。

　　假設我今天要採購一款榨汁機，預期訂單是 1,200 台，期望零售價為 149 美元。我作為買手，透過計算各種倉儲費用和雜費、進口關稅、美國內陸運費、中國到美國的海運費、海運保險費、產品責任險費用等，再加上我們 45% 的利潤要求，最後大致推算出，我在中國採購的 FOB 價格，要控制在 48 美元以下。這時我就可以開始向多個供應商詢價了。

供應商 A：多年合作的老供應商，各方面品質和交貨期都很穩定，雖然偶爾也出點小問題，但大體上都很不錯，也一直與我們有電器類項目的合作。A 的報價是 55 美元，付款方式可以跟其他專案一樣，O/A 30days（30 天放賬，也就是出貨後 30 天付款）。

供應商 B：展會上新認識的供應商，沒有合作過，但是拜訪過一次，各

54　外貿大神的 32 堂客戶成交課

方面感覺還行，也給美國一些大品牌供貨，產品都有美國電器要求的 UL 認證，感覺還算可靠。B 的報價是 52 美元，付款方式要求 30% 定金，餘款見提單影本付清。通過多次談判，最多能降低到 15% 定金，其他沒得談。

供應商 C：朋友介紹的一個供應商，過去沒有了解過，也沒有接觸過。目前就這個項目簡單探討了一下，感覺還算專業，對測試和產品都比較懂，顯然也有操作美國零售商的經驗。C 的報價是 55 美元，付款方式要求電匯，並收取部分定金。至少，也要做 L/C at sight（即期信用狀）。

諸位，如果你是我，你會如何選擇？

可能很多人會選擇 A。因為 A 是老供應商，各方面情況穩定，合作也愉快，還有 30 天的賬期，資金上沒有什麼壓力，還可以控制風險，一舉兩得。

可能也有朋友會認為找 B 更好。因為價格便宜，每款便宜 3 美元，1,200 台就可以節約 3,600 美元。作為買手，幫公司省錢，爭取最大利益，一定沒錯。

或許還有朋友會選 C。因為朋友介紹的一般可信度比較高，至少不會被坑。再說用信用狀付款，也保證了雙方利益，雖然買手會支付一些開狀費用，但那對於訂單而言微乎其微。另外，多開發一個供應商，還可以達到很好的平衡作用，雞蛋不能都放在一個籃子裡。

其實我在案例裡有意忽略了其他一些要素，從而讓大家覺得，三個選項都各有各的道理。其實不然。如果我們再增加幾個要素呢？或許就可以做出最優選擇。

1. 我要求的交貨期是 45 天。

2. 如果是新供應商，我需要安排 Factory Audit（驗廠）。

3. 對於產品，我需要增加驗貨的 drop test（跌落測試）。

4. 我會安排專業的協力廠商機構來負責 inline inspection（產中驗貨）和 final inspection（最終驗貨）。

5. 如果我三個月後下 repeat order（返單），價格能否維持不變。

　　這幾個要素一加，相信價格一定會有所浮動，差別就會顯現。也可以借此觀察不同供應商對於我這些要求的回饋，由此評估他們的經驗、能力、實力，以及對美國大買家和零售商的控管能力。

三、五大要素全面考量

　　這個過程看似複雜，實際不複雜。因為供應商要滿足幾個要素：第一，有競爭力的價格；第二，穩定的價格；第三，滿足客戶的交貨期需要；第四，品質精良；第五，溝通方便。

　　這五點是我個人認為最最重要的，其他要素都是對它們的補充。有競爭力的價格很重要，這點不用贅述。價格過高等於是削弱自己的競爭力，也影響客人的利益。可價格的穩定也很重要，大部分的客戶都沒法接受時時調價的供應商，認為不安全，變動的價格也會嚴重影響銷售計畫。

　　零售商更加注重供應商的價格穩定，往往會要求供應商提供有效期至少一到兩年的報價。只有這樣，它在訂定零售價的時候才可以游刃有餘，價格也才能穩定。試問，如果一個美國超市，今天某款榨汁機賣 149 美元；明天因為中國供應商漲價，就調到 169 美元；後天因為供應商又漲

價，再調到 189 美元；大後天因為供應商交貨期延誤，就把超市貨架空著……試問，消費者能接受這種雲霄飛車式的零售嗎？價格的不穩定是消費者十分忌諱的，也是買手十分忌諱的。

至於品質和交貨期，無須多說，都是必要因素。如果產品的品質出了問題，供應商自然是不能隨意接單採購的，否則就是砸自己的招牌，就是給自己埋下隱患，或許還要面臨消費者的投訴和索賠。交貨期同樣重要，如果零售商下了訂單，倉儲都安排好了，貨架都留好了，促銷都做好了，廣告都印出去了，這時候供應商要延期交貨，怎麼辦？所以任何時候，交貨期都是重點考量的因素。哪怕真的出了問題，一個專業的買手，也要時刻有備選的供應商。

除此之外，「溝通」環節也相當重要。因為訂單的操作是由人來完成的，買手跟供應商對接，在此過程中的一個很重要的環節就是 communication（溝通）。

正如我們第一節提到的，如果業務員工作效率很低，屬於「擠牙膏」型；如果業務員很能拖延，什麼事情都要拖上十天半個月；如果業務員經常妄想，總是擔心這裡被騙，那裡有陷阱，就連一件很小的事情都需要郵件、電話、傳真確認，試問，買手會用大量時間來應付這一個供應商甚至這一個訂單嗎？顯然不可能。

所以「溝通」一旦有障礙，就會嚴重影響工作、訂單、雙方未來的合作以及成本。一個「不錯」的供應商，能夠把細節做到位，能夠節約買手的時間，能夠提供專業意見，能夠高效率回覆買手的郵件，能夠第一時間處理問題。這樣能夠給客戶節省溝通成本，為其省下更多時間來做別的事，而不用整日擔心你把訂單搞砸。

完美的溝通能夠讓買手放心，能夠讓他（她）覺得把訂單下給你，就可以高枕無憂，以你的專業和仔細，一定不會出亂子；哪怕真有問題，你

也會提前告知，並給出專業意見，根本無需他（她）擔心。

四、「備胎」的必要性

我們再回歸前面的案例 1-12，我身爲買手，假設在增加了後面五個要素後，A、B、C 三個供應商依然維持先前報價，都可以達到我的要求，也都很有誠意來做這個項目的話，我會優先考慮 C 供應商。

原因很簡單。首先 A 是老供應商，我已經提過了，一般老供應商是「雙刃劍」，有利有弊。用得好，可以節約買手的時間精力，能夠控制好產品品質和交貨期，能夠控制風險和穩定利潤。但一旦處理不好，就容易讓老供應商「恃寵而驕」，覺得自己掌握了客戶很多訂單，屬於核心供應商，認爲買手沒有更多選擇，就可以提各種無理要求，可以脅迫買手，這樣就會打破原有的「平衡」。

而 B 呢，屬於新接觸的供應商，沒有合作過，雖然拜訪過，價格也很不錯，但是不知道未來的合作會不會出問題，存在風險。而付款方式相對於買手而言，風險更高。其實這就意味著，用風險來換取更多的預期利潤。可以嘗試 B，但在有更好選擇的情況下，還是會先考慮那個 better option（更好的選項）。

那就是供應商 C。因爲 C 是由朋友介紹的，這就等於在一開始就有了相應的「背書」。首先，有人推薦，那至少這個供應商值得信任；其次，溝通過後發現 C 的確夠專業，了解美國市場，了解產品，算是行家；再次，在付款方式上，C 比 B 要好很多，考慮到風險控制，這個因素很重要；最後，因爲訂單只有 1,200 台，FOB 單價 55 美元，也就意味著從總額上看，只是一個普通的小訂單而已，完全可以作爲對 C 這個新供應商

的測試。

　　C 如果做得好，完成得不錯，接下來各方面都表現出色，那就可以通過考驗成為買手的正式供應商中的一員。如果合作中出了問題，發現 C 難以勝任我們的訂單，那也沒關係，還有老供應商 A 隨時可以補位。這就是 Plan B。

　　再說了，更重要的是，栽培 C 在某種程度上，屬於準備「備胎」。一方面給自己多個選擇，一旦老供應商出問題，有備選，一旦未來有大項目老供應商沒法完成，C 也可以分擔一些；另一方面也是對老供應商的一種制衡，只有平衡各方利益，**讓大家都有機會分一杯羹，對於買手而言，採購計畫才更安全。**

"

毅冰說：

　　在這一節中，分析買手的心理和實際選擇，是希望告誡大家，買手選擇供應商，往往不會頭腦一熱，隨心所欲。你沒有被選上，可能有深層次的原因，而不是你所謂的「價格不好」「我們不是工廠」那麼簡單。你被選中，拿到訂單，或許也不是價格取勝，而是買手的綜合考量。

　　所以外貿業務員既不要妄自菲薄，也不要妄自揣測。我們要做的，是多方面分析買手的需求，突出自身優勢，爭取每一個項目，爭取每一個機會。即便當「備胎」，也是一個無比重要的上升臺階。千萬不可輕易放棄！

"

第四節 怎樣的還盤能抓住對方眼球

或許大家會問，很多客戶是第一次接觸，沒有朋友介紹，沒有熟人推薦，也沒跟客戶的同行或者類似的大買家合作過，我們在價格上或許也沒有太大優勢，如何吸引買手注意？如何爭取到往下推進的機會？

其實在我看來，**「沒有優勢」是一個悖論，因為方法都是由人想出來的。如果從經濟學角度分析，哪怕沒有「絕對優勢」**（absolute advantage），**也必然有「比較優勢」**（competitive advantage），**所以貿易無處不在，且會永遠存在。**貿易不僅僅是互通有無，很多環節都可以通過貿易來完成，比如外包部分產品或流程。同樣的，機會也要靠自己發掘，守株待兔，等著訂單一個個砸過來，這不現實。

講得再通俗一點，在大品牌壟斷的市場，如果有小工廠占據價格優勢，難道你就沒有機會了？照這個思路發展下去，那中國只有兩種供應商：一種是產品無敵好，有賣點、有品質、有大工廠支撐；一種是超級小作坊，價格便宜到不可思議，誰都競爭不過。這顯然是非常荒唐可笑的。

每個人的購買偏好完全不同；每個人的現實情況也不盡相同；每個人的消費理念同樣都不一樣。你喜歡 BMW，不代表別人也喜歡；你喜歡咖啡，或許別人喜歡奶茶；你月收入 5,000 元或許會每週消費 50 元的甜品，但別人月入 15,000 元或許還不捨得買；你喜歡追電子產品，喜歡每年買新款，或許別人熱衷於買衣服，電子產品能用就行。

所以本來就不存在放諸四海而皆準的真理，每個買手的喜好是沒法靠

猜測來獲得的,這沒有意義,也做不到。你的產品好不好、適不適合,有話語權的永遠是客戶,而不是你自己。你覺得東西很好,或許消費者不買帳;你覺得不怎麼樣的東西,或許買手很喜歡,覺得物超所值……

一、「低價格」並不是提高訂單轉化率的唯一條件

首先,蘿蔔青菜各有所愛,你覺得自己不怎麼樣,自己的東西也不怎麼樣,但是買手偏偏看對眼。就好比我們常說的一句話:夢想還是要有的,萬一實現了呢。

其次,你覺得自己沒有優勢,但或許別人有很多劣勢,而你沒有,這不就是你的優勢嗎?**優勢這東西是相對的,缺點可以是優點,優點也可以變成缺點,關鍵在於對方怎麼看。**

再次,價格是見仁見智的。你只願意花 30 元買一條皮帶,不代表別人不會用 10,000 元買一條奢侈品皮帶,這屬於兩種消費觀。同時,從 30 到 10,000 元,還有一個無比龐大的消費群體,就看你如何定位,如何吸引客戶,如何爭取機會了。市場無限大,機會無限多,但是成敗還是在於「人」,在於「思考」,在於「執行」。

另外,你又怎麼知道買手不會選擇你?**機會面前人人平等。**是,買手可能有老供應商;對,買手可能找得到更低的價格;沒錯,買手可能更喜歡跟工廠合作而不是貿易公司。但這一切的一切,都是「可能」「或許」,都是你自己揣測的,你沒有爭取過,沒有嘗試過,又怎麼知道沒機會呢?又怎麼知道技不如人呢?我們可以用一張圖(圖 1-5)來表示詢盤和訂單轉化的可能性。

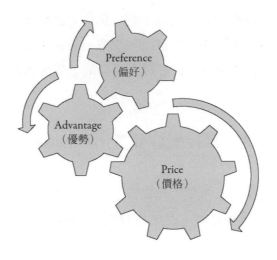

<u>圖1-5</u>　從詢價到訂單（Inquiry to Order）〔毅冰製圖〕

買手的選擇可能跟偏好有關，可能跟你的優勢有關，也可能跟產品的價格有關，更有可能跟其中的兩個甚至三個因素都息息相關，因為一切都是未知的。

所以我們要做好自己，而不是總想著猜測別人，總是妄自菲薄，總覺得前途黯淡。若是連自己都放棄自己了，那就真的沒救了。

▍二、挑戰買手的心理預期

其實大部分買手在給出詢盤的時候，總是有一個潛在的期許，比如希望得到怎樣的還盤。如果你的回覆超過他（她）的心理預期，那就成功了。當然，我說的預期，不僅是價格的預期，而是一個方方面面都涵蓋的整體預期。更多的是一種感覺。

為什麼這麼說？為什麼用感覺這麼虛無縹緲的詞？我們可以透過案例來體會這「個中三昧」。

案例 1-13

超過買手的預期（Beyond buyer's expectation）

一個法國進口商的買手，向某個中國供應商 Y 詢一套不銹鋼刀叉的價格。因為這個套裝，正好是某法國大超市採購的產品，所以買手希望能夠拿到更好的價格，從而推薦給他的客戶。買手的心理預期是 4.5 美元／套，帶彩盒包裝。

之後這個供應商 Y 的還盤，明顯高於買手的心理預期，Y 給出了 3.9 美元／套的報價。這首先就讓買手覺得驚喜，因為價格上居然便宜了那麼多；其次，Y 還提供了詳細的照片和測試報告，證明其對產品和法國市場非常了解，這進一步讓買手覺得 Y 夠專業；再次，Y 表示他們現有的樣品跟買手的詢盤一模一樣，而且有現貨，隨時可以提供樣品給買手確認；最後，Y 還指出，他們的訂單管理十分完善，一般情況下，可以在 25 天內完成正式訂單，不拖延客戶交貨期，而且付款方式也十分靈活，可以接受T/T、D/P、L/C等多種方式，這也不由得讓買手暗暗點頭。

而這些內容，用一個 mail group 就可以完成。這樣的還盤能在第一時間吸引買手的眼球，因為夠專業，有效率，夠精準，遠高於對方的心理預期，也自然容易贏得機會，為接下來的深入談判做準備。（關於 mail group 的內容展開和詳情，請參閱拙作《外貿高手客戶成交技巧》，中國海關出版社，2012 年 1 月出版。）

這個案例很能說明實際情況。若是歸納一下，就是「對方要 1 元錢的東西，你給了讓他（她）覺得值 1.1 元的東西，讓對方覺得沒少賺」。這就好比我們買東西，心裡會有一個大致的預期，對於品質、價格、服務等或許會有一點底，可能不是很詳細，但一定有大致的感覺。

好比去專賣店買襯衫，我一眼看過去，有件格子襯衫感覺不錯，挺喜歡的，當時就會有一個心理預期，如果 800 元以內，還是可以考慮的。結果試穿一下，感覺效果超級好；再一看價格標籤，899 元，雖然略高於預期，但也能接受；然後營業員過來說，今天我們有活動，這件襯衫可以打對折，自己頓時覺得賺到了，又增加了購買欲望；再後來付款後，營業員還送了一把雨傘給我，說是小贈品，這又增加了我對於這家店的好感。就是因為這些事情，都超過了我的心理預期。

我這次買得不多，消費有限，但是這家店卻超過了我的預期，給了我一個很好的印象。所以下次要買衣服，我不自覺地就會想到這家店，就會去逛逛，就會給商家帶來新的機會。在跟朋友聊天的時候，或許就會分享這次「愉快的經歷」，就有可能給商家帶來別的客戶和資源。

反之，如果一個供應商在某件事情上沒有做好，或者做得十分離譜，遠低於買手的預期，那會是什麼樣的結果？壞了口碑是小事，自己長期建立的信譽損毀，買手告知同行或朋友，分享和抱怨這個「不愉快的經歷」，無形中使供應商失去很多新的機會和訂單才是大事。

所以我希望告誡大家的是，勿以善小而不為，勿以惡小而為之。你不經意間的一個壞習慣，或許就會擋了自己的財路；你多注意一個細節，或許就會帶來一些新的機會，收穫不一樣的結果。歸根到底，就在於你自己究竟怎麼想、怎麼行動。

三、抓住買手眼球的還盤

理論的東西說了那麼多，還是需要一些實際的案例來作支撐。我們看一下對同一個詢盤的三種不同回覆，來分析怎樣的還盤更抓買手眼球。

當然，這只是一種思路，因為每個公司的特點不同，每個業務員的工作習慣也不同。在這裡，我只是給出一種思路，給大家指引一個方向，看看怎樣的回覆，容易吸引到買手，容易讓對方覺得這個供應商值得繼續談下去，不能輕易放棄。

案例 1-14

一個平常的詢盤（A common inquiry）

我這裡之所以用 common inquiry 作為標題，是因為很多詢盤，其實都是普普通通的。它們看起來不起眼，沒有特別的針對性，也沒有很大的訂購數量來刺激供應商。然而，這種普通詢盤，往往構成了外貿工作的主要內容。

Dear Daisy,

I'm glad to get your contact info from your website. Could you send me a price-list of your mobile accessories?

Best regards,

Stanley

顯然，這個詢盤再平常不過了。但往往這樣的詢盤，會讓很多業務員無比厭煩。他們心裡會想，這個客戶到底有沒有購買興趣？有沒有訂單？

要什麼都不說清楚，一上來就要整個報價單，我們公司幾百款產品，怎麼給嘛？

可能不同的業務員，看到這類詢盤會有不同的想法。就像一個榴槤送上來，有人可能覺得好臭，搗起鼻子，但還能忍受；有人可能無比討厭這個味道，直接走開；有人可能很喜歡，陶醉其中；有人可能直接就開吃了。其實榴槤還是那個榴槤，但面對不同的人，就有不同的結果。

同樣，不同的業務員面對相同的詢盤，也會有不同的反應——喜歡、討厭、或者不喜不悲。最終我們要看的，是大家對這類詢盤的回覆。怎麼做、如何做，才是最考驗業務員水準和能耐的。自然，這類問題還是要透過案例來講解，乾巴巴的文字是不會有太好的效果和共鳴的。下面我就通過幾個不同的回覆郵件，來反向分析買方如何看待這類問題。

案例
1-15

一個平常的回覆（A common replay）

Dear Stanley,

I'm so glad to get your inquiry.

Refer to mobile accessories, we have lots of different items. Could you please visit our website to review and advise me of your interested ones? I will send you the offer sheet as quickly as possible.

Thank you very much!

Best regards,

Daisy

根據我的個人調查，大多數業務員收到這類詢盤，在回覆的郵件裡面採用的招數都是「泛泛的回覆」（當然還有很多業務員直接無視這類詢盤），客套幾句，表示收到詢盤很高興，然後請對方看看自家網站，選出喜歡的東西再報價。

用正向思維來看，這沒什麼問題。你不告訴我你要什麼，那我就請你先選你喜歡的，我再給你報價。可若是反過來看，問題就來了。我是買家，是消費者，我想買你家的東西，但是我對於你們的產品不了解，我想讓你報價。可是你價格不報，資料不給，反而問我要什麼？試問我如果清楚我要什麼，我還需要問你嗎？我直接提出要求，讓大多數供應商比價格就是了。

比如我有明確目的，要購買 iPad 充電器，我就可以直接搜索關鍵字、具體型號和參數，然後問幾家供應商比價。但事實是，或許我打算做這類電子產品的進口，但是我自己目前也沒有十分明確的產品定位，我想先了解一下中國供應商的產品和價格區間，然後再分析在我的目標市場銷售這類產品是否可行。這是一種策略的規劃，也是一種市場調查。如果什麼資料都不提供，這樣的回覆，顯然對我是沒有任何幫助的。

這類回覆不能說不好，也不能說不對，只能說「太普通」。我在案例的標題裡用了 common（常見的）這個詞，是因為大部分業務員會採用這種不動腦筋的辦法。請原諒我用了「不動腦筋」這個不太委婉的詞。因為這類回覆，敲敲鍵盤幾十秒就可以完成，不用花什麼心思，自然也沒有太大的價值。你能做到，別人也能做到，如何顯示自己更專業？如何讓自己與眾不同？

我們再看看下面第二類「略好些」的回覆。為什麼只是略好，而不是好？是因為有比較，才可以分辨出好壞，才知道強中自有強中手。

一個略好些的回覆（A better replay）

Dear Stanley,

Thank you for your kind inquiry!

Please check the attached e-catalog of our mobile accessories.

I also enclosed the offer recap of our hot-selling items for you rreview.

If any interest, please do not hesitate to contact me.

Best regards,

Daisy

跟前面的案例比起來，這類回覆是不是好多了？因為跟「泛泛回覆」的毫無營養相比，至少往前走了好幾步。我們可以用一張圖來做簡單說明。

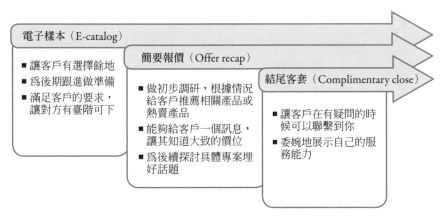

電子樣本（E-catalog）
- 讓客戶有選擇餘地
- 爲後期跟進做準備
- 滿足客戶的要求，讓對方有臺階可下

簡要報價（Offer recap）
- 做初步調研，根據情況給客戶推薦相關產品或熱賣產品
- 能夠給客戶一個訊息，讓其知道大致的價位
- 爲後續探討具體專案埋好話題

結尾客套（Complimentary close）
- 讓客戶在有疑問的時候可以聯繫到你
- 委婉地展示自己的服務能力

圖 1-6　回覆郵件前的思考（Consideration before Reply）〔毅冰製圖〕

很顯然，這樣的回覆還是有亮點的。業務員一方面根據客戶的要求提供了樣本，另一方面主動給出了報價，整理並推薦了熱賣產品。這比一般的業務員已經是多走了幾步了，算是相對好的。但說實話，這只是相對意義上的「略好」而已，並非足夠好。

換言之，有比較，才有發言權。關鍵在於，你能否征服客戶？能否第一時間吸引對方跟你談下去？這才是問題的關鍵所在。其他一切的一切，都僅僅是手段而已，是為這個目標服務的。

下面再來看一個更加有吸引力的還盤案例。同樣的詢盤，不同的業務員，不同的回覆，得到的結果可能大不一樣。

案例 1-17

一個專業的回覆（A professional reply）

Email 1- Re: E-catalog of mobile accessories

Dear Stanley,

Attached is the e-catalog of our mobile accessories. Please help to check and advise your comments.

Thanks,

Daisy

Email 2- Re: Offer recap for mobile accessories

Dear Stanley,

Here enclosed the offer recap for your review. As we have a majority of items, I tried to split them into five offer lists in this file.

You could reach me by email or cell phone (+86-139-xxxx-xxxx) at any time.

Best regards,

Daisy

Email 3- Re: Recommended items

Dear Stanley,

It's me again. I visited your website and found some of them are really similar to ours.

So I make another offer sheet of these articles for your reference.

Yours,

Daisy

Email 4- Re: UL report

Hi Stanley,

As I know, you're in the market of mobile accessories in the US. I'm sure the UL report is essential for you before purchasing.

Please realize that all of our items are manufactured strictly according to the regulation for America. Kindly check our UL report in attachment.

We look forward to hearing from you soon.

Kind regards,

Daisy

　　看完這個案例，是否會有一點不一樣的感觸？常言道：不怕不識貨，就怕貨比貨。哪怕這個客戶不是專業買手，哪怕這個客戶可能剛入行不

久，哪怕這個客戶剛從紡織品採購部門調動到手機配件採購部門，在最初的詢盤後，得到三種不同的答覆，也一定會有不同的感受吧？

我相信大家會有自己的偏向性，知道如何選擇。當然，未必說第一種一定輸，第三種一定贏，畢竟沒有到最後誰都不知道結果。但有一點是可以肯定的，你一開始給人夠專業的感覺，至少會在買手心裡得到一個好的第一印象，這可以為後續的跟進談判做好準備。如果一開始就「見光死」了，哪怕你的價格不錯，但是客戶不知道，你又如何贏得對方的尊重和肯定呢？

這種 mail group 的手法，一直是我大力提倡的。目的就在於剛接觸新客戶的時候，通過第一時間展示自己的專業，好好「震撼」一下對方，同時，告訴客戶自己絕非那些「大多數平庸的業務員」可比的。

這四封郵件層層遞進，第一封根據客戶要求提供電子樣本讓對方參考；第二封歸納梳理了自家大多數產品的報價，給客戶提供了一些選擇，也順便留下了手機號碼，表現出誠意，讓對方隨時可以聯繫到你；第三封是簡單調研後的結果，透過流覽客戶的網站，發現有些產品跟自家產品很接近甚至完全一致，之後針對這些產品給出了詳細報價單，因為現有產品很可能就是一個好的切入點，至少也提供了很多將來有可能討論的話題；第四封繼續升級，表示自家產品的品質絕對沒問題，因為可以達到美國的UL 標準。第四封郵件表面上看無非就是提供測試報告，但是這招很管用，等於是一個潛台詞：我們的產品品質經得起驗證，而且無需再做任何測試。這個「暗號」會給對方一個心理暗示，哪怕你一開始的報價略高，後續也有談判的餘地。因為產品品質好，經過測試，不是一般的大路貨（品質一般而銷量廣的商品）可以比的，所以，跟你合作可以完全放心。

這其實歸根到底還是一個心理戰。接到報價的買手一般可能會這樣想：A 不報價，「擠牙膏」，很麻煩；B 報價 10 元，也不知道價格好不好，

還是先比較一下再決定：C 報價 11 元，但是產品已經成熟，而且有測試報告，感覺挺可靠，再看看，如果沒有更合適的，就跟 C 詳細談談。

所以大家不要擔心一開始報價略高會失去客戶，完全不是這樣的。只要價格不是過於離譜，客戶一般不會在一開始就讓你出局。客戶選擇供應商，要經過綜合考量。價格略高，完全可以談，這些都是後續跟進和談判的時候需要考慮的問題。

發送郵件群真正的目的，是做讓買手喜歡的供應商，讓供應商的還盤在一開始就抓住對方眼球。這無比重要！

> **毅冰說：**
>
> 　　這一節之所以把「還盤」作為專門的課題來講解，是希望借助幾個案例，讓大家有切身的體會，從而引發更多的思考。
>
> 　　我們不能單純地把眼光放在「買」和「賣」這兩個點上，而要考慮背後的一系列問題，要換位思考如何在素未謀面的情況下，在一開始給對方留有一個「專業」的印象。
>
> 　　畢竟外貿工作日常活動的主要組成部分就是郵件往來。我個人認為，mail group 若能用好，必然是一把利器。希望這一節能讓大家產生共鳴，找到自己的不足之處和未來提高的切入點。

第五節 「專而精」還是「大而全」

「專」，可以是「專業」，也可以是「專注」。專注於某一產品某一領域，自然會逐漸打造出競爭力。在外貿行業，這屬於「精細化」操作，屬於在某一類產品生產上有特長。

反其道而行之的，就是「多樣化」。漫天撒網，不同領域同時出擊，力求「不把雞蛋放在一個籃子裡」。

這就有了值得思考的一個課題，我們做外貿，做出口，究竟該往「專而精」方向發展，還是該往「大而全」方向靠攏？

相信大家在這個問題上都有自己的考量。有些朋友可能力圖走「產品專業化」路線，集中力量發展一系列產品，不涉足過多領域，不分散精力，好鋼用在刀刃上；有些朋友或許準備走「服務專業化」路線，通過一攬子計畫給國外客戶供應各種產品，節約客戶的跟單和操作成本，也通過服務來打造「大而全」的貿易公司。

其實這就代表了當今外貿發展的兩個方向：「單一發展」和「多元發展」。不論是純貿易公司、工貿企業，還是外貿工廠，都免不了要思考這個問題，要考慮今後的路怎麼走。在展開分析之前，我還是想透過兩個案例，來探討幾個值得思考的問題。

做還是不做？（To do or not to do?）

Eric 是深圳的貿易公司老闆，多年來一直出口電子類產品配件。公司的客源相對穩定，產品涉及充電器、插座、手機資料線等，算是走「專而精」的路線。他手下的業務和跟單團隊雖然規模不大，但還算穩定，業績也不錯。

某天他跟我提到了一個令他頭疼的問題。他的一個荷蘭客戶因為與他的合作一直穩定，希望增加每年的採購量。除了現在合作的電子配件外，希望讓他們針對禮品、日用品、襪子等產品報價，與其他供應商在同等條件下競爭。

於是他就為難了。一方面，這個荷蘭客戶是他公司的核心客戶，訂單不小，一年下來利潤不少，如果送上門的機會都拒絕，他自己都說服不了自己。另一方面，如果做，那就意味著分散精力，必須配置合適的人力資源來負責操作詢價、跟單之類的事宜。去從事一個完全不熟悉的行業，是否會得不償失？

Eric 陷入了進退兩難的境地。既想賺錢，想服務好老客戶；又不想因為涉足不熟悉的行業而顯得不專業，並且如果分散太多精力在副業上，或許會得不償失。另外，過多的副業投入也會影響到主業的發展，這讓他十分糾結。

至於我的建議，我在本節的後半部分會進行分析和講解。這裡我們先繼續看第二個案例：

準備參展樣品（Preparing samples for trade show）

王小姐是廈門某中型貿易公司的業務經理，下個月準備去參加廣交會。公司實力還行，拿到的展會位置不錯。

然而王小姐從兩個月前就開始糾結。不是產品有問題，畢竟很多老供應商都比較配合，打樣都沒問題，時間也來得及。問題在於，她不知道該帶哪些樣品去參展。因為公司樣品間很大，像一個超市，各種類型的東西都有，而一個展位只有3坪，應該擺些什麼東西去吸引客戶？如何才能有特點？這讓她很為難。

她手上的確有不少客戶，產品的跨度也非常大，平時一直以「雜貨商」自詡。今天出毛巾，明天出杯子，後天出太陽能燈，大後天出傢俱，大大後天出女性內衣……公司認為客戶要什麼，我們就提供什麼，客戶信任我們，這就是最大的資本。但是要去綜合性展會參展，樣品的選擇就變成了頭疼的問題。

好像什麼都能做，但又好像什麼都不夠專業。如果帶很多東西，展位必然很雜亂，沒法吸引客戶。如果要帶一系列產品，又覺得這方面的挖掘還不夠深入，沒法跟參展的工廠或專業貿易商競爭。

所以這類「大而全」的公司，同樣有他們的苦惱。而並非大家所想的，我們什麼都能做，什麼都可以做，什麼都願意做，機會就很多。

這就給我們帶來了兩個值得思考的問題：

這兩個問題，相信不僅是諸多業務員糾結的，也是大多數老闆頭疼不已的。結合以上兩個案例，我們不難發覺，這兩個方向各有缺點。

一、「專而精」的思考

「專而精」是不錯，但必然有瓶頸，即會直面其他專業同行和工廠的競爭。

走專業化路線，你有工廠懂產品嗎？客戶又為何信任你，而不直接跟工廠合作呢？大的訂單專案，相對單一的專業產品，貿易公司的機會就更小了。這個瓶頸往往會成為制約，逼得很多「專而精」的公司，在發展遇到困境的時候，轉而投入自營工廠，往工貿一體的路上走。

此外，舉一個淺顯的例子。假設你開了一家百貨公司，什麼東西都有，地段不錯，你在推廣上也有「兩把刷子」，可能就會顧客盈門。有些產品可能賣得一般，有些產品直接賠本，但是大多數還是有利可圖的。然後你會在實際操作中總結經驗教訓，適當調整產品線，調整銷售模式，百貨公司的生意慢慢就會穩定起來。

但如果你只開一家店，專賣韓版女裝，就等於走「專而精」的道路。如果不巧，附近本就有兩家做了多年女裝的競爭對手，一家貨源不錯，每季都有新款從韓國直發；另一家雖然款式並非最新，但是價格很有競爭

力，在首爾東大門有多家廉價的供應商。你的產品線一旦定位不清，缺乏特點，消費者可能就不會買帳，生意會很慘澹。又因為產品單一，有其他需求的客戶也不會上門。

這就是「專而精」路線必須面對和解決的問題。如果貿易公司往這個方向發展，就必須考慮兩個問題。

1. 你的公司和產品的核心競爭力在哪裡？
2. 你如何直面工廠的競爭？如何打造自身的優勢？

二、「大而全」的問題

「大而全」的貿易公司困惑同樣不少。說得難聽一些，東西愈多、愈雜，其實管理上愈難，管理成本也愈高。舉個例子，一個單一產品線的專業化公司，針對的只是一類產品，可能幾個採購和跟單人員就足夠了，因為面對的工廠和供應商都很有限。一個多元化的雜貨類大貿易公司，什麼產品都涉及，什麼產品都要找工廠詢價，這個工作量其實很大。生意愈好，需要的員工就愈多，要有龐大的採購團隊和跟單團隊在後面作支撐。

假設你有 10 個訂單，都是同類產品，你作為業務員，只要跟兩三家工廠合作，就可以消化這些訂單。如果 10 個訂單是截然不同的產品，有文具、有工具、有陶瓷產品、有玻璃製品、有紡織品、有傢俱等，可能你就要分別和 10 家工廠談判、下單、跟單、合作。同樣的訂單金額，所需的人工成本，完全不在一個層面上。管理上的損耗，實際上十分驚人。

另外，產品的專業程度也會是一個難題。表面上還不錯，客戶的任何詢盤，都有同事跟進，找工廠、詢價、比價。但問題在於，大多數的陌生

產品，你是否都能說服客戶讓他對你有信心呢？如果一問三不知，任何事情都要經過大量的工作才能給客戶答覆，時間一長，可能客戶就直接給你腦門上貼了「不專業」的標籤。

所以「大而全」的發展，也有兩個問題不得不予以重視，因為這涉及公司未來的發展和架構。

---

1. 推廣方向上，如何選擇？難道對任何客戶都說，我們是全能公司，什麼產品都能做？
2. 如何解決人員和管理成本過高的問題？

可能很多朋友看到這裡，會覺得你這不是廢話嗎？說來說去，這兩種公司都有缺點，都不夠好，說了等於沒說。其實不然，這兩個看似矛盾的方向，其實不矛盾，之所以現在問題多多，是因為有一個核心內容我還沒有表述。這個核心內容看似神祕，實際上也不難，用一個詞來概括，就是「定位」。這方面的內容，我會穿插在二、三、四、五這幾個章節中，這裡不做過多闡述。我們先來看看上面的兩個案例，我給了怎樣的建議。

三、Eric 的棘手問題

在案例 1-18 中，Eric 內心是想做其他產品的，畢竟提出要求的是老客戶，成交的希望很大，而且開公司的，誰跟錢過不去啊。但是他又擔心因為產品線的延伸，影響自身的專業性，讓別的客戶有所顧慮，認為他們的產品跨度太大，不夠專業。

其實這個問題不難解決。**Eric 覺得有問題，是因為他的思維限制在了**

「自身」這個角度上，沒有開發性地去思考。我當時一聽，就給出了一個建議：老客戶的產品當然要做，別的產品願意給你做是一個很好的機會。但是為了不影響專業度，我建議你按照正常的流程詢價、報價。如果拿下訂單，就另外註冊一個公司來做主業外的業務，甚至可以透過一些其他方法來完成。這樣做，一方面不影響主業，保持了現有公司的「專而精」路線，一方面也找到了一個新的業務增長點。

這樣一來，問題就迎刃而解了。

四、王小姐的參展難題

王小姐的難題恰恰相反，如案例 1-19 所述，不是產品太少，而是產品太多，涉及領域太廣。哪怕是綜合性展會，也必須得有特點才行。比如你在展位上一邊賣鞋、一邊賣食品、一邊賣電器，你覺得客戶會上門嗎？鞋類的買手路過一看，這什麼公司啊，又做鞋又做食品又做電器，這跨度太大了吧？顯然不會專業，或許就不會進來談。

所以「大而全」的貿易商參展必須要注意的是，**「產品可以多，但要有相通性」**。怎麼說呢？比如你展位上有手機、手機殼、耳機、充電器，還有 GPS 導航、MP4 播放機、WiFi 終端等產品，看起來屬於不同產品線，是很多不同工廠的產品。但是這些東西，其實構成了一個系列，具有相通性。一個經營這類產品的海外進口商如果可以在你這裡找到他經營的大部分產品，或許就會有興趣跟你談談。

這就是我要說的定位問題。你把自己定位成「大而全」的貿易商，沒問題，但是在實際操作的時候，要稍微巧妙一些。參展的產品和產品之間，最好有些聯繫，哪怕能稍微沾點邊也行。這樣展位才會形成整體風

格，而不至於太雜亂、太突兀。

可是問題還沒完，因為王小姐苦惱地告訴我，她手下三個業務員，擅長的領域還不一樣。一個手機配件業務做得不錯，一個工具業務做得挺好，另一個做的大部分訂單都是燈具類的。她想把這三類產品都放一些在展位上，少了哪類，都可能少了很多潛在的機會。

於是我就建議她乾脆弄三個展位，將三類產品分開布展並進行整體規劃。她的公司擅長的其他產品，可以做好報價單和電子樣本，隨時發放給客戶。

一語驚醒夢中人。

> **毅冰說：**
>
> 「專而精」「大而全」本身就是外貿發展的兩個方向，一個往左，一個往右。但是這一左和一右，在我看來不會沒有交集。它們或許是兩道弧線，在未來的某個點上，將會重合，只要你在這個過程中不走偏。
>
> 選擇專業化還是多元化，一直以來都是無解的大難題。儘管排在世界 500 強前幾名的公司都以專業化為主，但還是有多元化公司存在的。所以，這本就沒有絕對的真理，經營的關鍵還是在於管理和定位。
>
> 如何發展自身優勢，如何審時度勢，如何繞開自身的弱點突出差異化，才是我們需要深入思考的大課題。

第六節 除了價格，我們還有什麼

價格，在外貿行業裡，永遠是繞不開的話題。不管你做什麼生意，都會涉及成本、價格問題，涉及價格談判，這是很平常的事情。哪怕客戶很有錢，他也希望採購價愈便宜愈好。因為價格愈低，他自身的利潤就愈高，這是顯而易見的。

可對於供應商而言，站在業務員的角度看，任何交易都有成本限制，有公司的價格體系控制，有老闆對於利潤的要求。降價就等於讓利於客戶，就等於自己承擔更大的壓力、更多的風險。所以理論上，賣方當然不希望降價，甚至巴不得漲價，報價愈高愈好。

所以賣方和買手，在價格這個因素上，必然是對立的。這兩方哪怕交情再好，合作再好，涉及切身利益的時候，也會盡可能地維護和保障自身利益，這是生意場上的原則。

價格的構成也好，附加價值也好，在拙作《外貿高手客戶成交技巧》裡已經有詳細的分析，這裡就不贅述了。我要強調的，是除了價格我們還可以從哪些地方入手，從哪些角度去思考、去談判。

一、愛恨敬畏

坦白說，對於絕大多數外貿朋友而言，價格都是一個讓人頭疼的問

題，是一把雙刃劍，不是砍傷客戶，就是砍傷自己，很難找到一個好的平衡點。所以，我們對價格往往是又恨又愛，又敬又畏。

愛，是因為有價格，才有價值，才有利潤，才能賺錢。不報價哪來的機會？可能有些訂單會因為價格因素拿不下，但也有不少機會是可以抓住的。

恨，是因為產品在美國明明賣 10 美元，為什麼我報 4 美元，客戶就說貴？別這麼欺負我們出口商啊，我們很不容易，利潤都薄如紙片了。

敬，是敬畏，是因為價格往往是由市場和買家決定的，也是競爭的結果。自己能主觀去影響價格，動搖行業價格體系，在沒有特殊優勢和超強競爭力的情況下，實在太難太難了。

畏，是擔心自己達不到客戶期望的目標，或者達不到自己的利潤預期。擔心傷害了客戶，也擔心傷害到自己。

可以說，整個外貿行業，所有的酸甜苦辣都圍繞一個詞轉，這個詞就是 price（價格）。這個詞讓人非常頭痛，又無比迷戀。

二、從一杯咖啡談價格構成要素

我們接下來，就從一杯咖啡開始，來簡單分析一下價格構成的要素。

案例
1-20

從一杯咖啡看價格構成要素（Price grounds from a cup of coffee）

從下圖可以清楚得知，這是星巴克（Starbucks）大杯拿鐵咖啡在

中國的價格構成分析。（這裡補充一個小知識，一般星巴克門市的咖啡有三種杯型：Tall，Grande，Venti，義大利語詞彙，分別對應的是「中杯」「大杯」「超大杯」。）

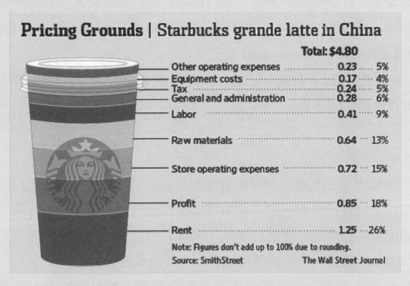

Pricing Grounds | Starbucks grande latte in China

Total: $4.80

Other operating expenses	0.23	5%
Equipment costs	0.17	4%
Tax	0.24	5%
General and administration	0.28	6%
Labor	0.41	9%
Raw materials	0.64	13%
Store operating expenses	0.72	15%
Profit	0.85	18%
Rent	1.25	26%

Note: Figures don't add up to 100% due to rounding.
Source: SmithStreet　　　　The Wall Street Journal

圖 1-7　大杯星巴克拿鐵咖啡在中國的定價（Starbucks Grande Latte in China）
【來源：《華爾街日報》（*The Wall Street Journal*）】

這是根據美國商務諮詢公司斯密街商務諮詢公司（Smith Street）做的一個調查報告，整合成的圖文分析，刊登在了《華爾街日報》上。我們可以看到，右上角的 Total 是這杯咖啡在中國的零售價格 4.8 美元。

當然，因為匯率的關係，可能會有一點浮動。但這個不重要，我們關鍵是要學習和了解，這 4.8 美元是怎麼來的。

我們從下往上看，首先是 rent（租金），差不多要占去這杯拿鐵的 26%，就是 1.25 美元；然後是 profit（利潤）占 18%，0.85 美元；接著

是 store operating expenses（門市營運成本），占 15%，0.72 美元；然後是 raw materials（原物料）占 13%，0.64 美元；再上面是 labor（人工成本）占 9%，0.41 美元；緊接著是 general and administration（管理成本）占 6%，0.28 美元；tax（稅）占 5%，0.24 美元；equipment costs（設備成本）占 4%，0.17 美元，最後是 other operating expenses（其他營運費用）占 5%，0.23 美元。

　　而這些成本、費用、利潤加起來，才構成一個大杯拿鐵咖啡最終的零售價格，4.8 美元。

　　可以看出，一個產品的零售價格的構成，用我們傳統觀念裡的「成本加利潤」是無法科學表述的。而對於供應商而言，我希望借此告訴大家，很多情況下，你給客戶提供的產品，其實只占據了他成本的一部分，你的 5% 到 10% 的漲價，對最終價格的影響可能是微乎其微的。

　　我們要先知道一個現實的問題，**客戶砍價，並非他無力承受你的漲價，而是他希望獲取更多的利潤，希望讓你承擔更多，或者分擔更多。**所以價格因素，只是整個合作體系中的一個環節，一個重要環節，但絕非唯一的環節。

　　千萬不能粗暴地認為，因為客戶砍價，我最後沒有給出對方期望的目標價，而導致訂單沒有拿下來。

　　我之所以把價格放在第一章的最後一節來講，是希望讓大家明白，前五節更加重要。只有從思維體系，到談判架構，再到細節掌握都做得精益求精了，價格因素才不會成為主導談判進程的唯一因素。

　　所以除了價格，我們還可以有產品、有服務、有專業、有效率、有細

節完善、有談判能力、有高效跟單、有靈活付款等砝碼。

　　本書三、四兩章會圍繞價格方面進行一系列的實際案例分析，並重點講解沒有價格優勢的中國香港和台灣地區的貿易商，是如何在激烈的國際競爭中占據一席之地，甚至從中國內地的工廠和貿易公司手裡搶走大買家訂單的。

"

毅冰說：

　　價格，是交易中不可或缺的要素，也是讓大家無比頭疼的問題。有的時候，成敗與否是卡在價格上，最終「成也蕭何，敗也蕭何」。

　　但是談價格之前，我們要了解的是價格構成的要素，而不僅僅是價格本身。這就好比你追求一個姑娘，吸引姑娘注意是一個表象，如何利用各種資源，集合運用各個要素來把姑娘變成你的女朋友，卻是一種能力。

　　在交易過程中，我們要做的，並不是被價格領著走，而是熟悉蘊含在價格裡面的各個要素，讓價格「為我所用」，打出一手漂亮的牌，讓自己立於不敗之地。

"

小公司做大外貿亦是「門當戶對」

小公司是否沒有競爭力？

大公司是否壟斷了整個行業？

別的競爭者的平台更好，我是否應該放棄？

做外貿是不是也講究門當戶對？

價格不如工廠，服務不如大公司，是否只能坐以待斃？

……

在這一章我會告訴你，以上所有問題的答案，都是否定的！

第一節 小企業也可以有大胃口

———

很多朋友會很介意，自己機遇不好，在小公司工作，各種問題不得心應手。小公司沒有小工廠的價格優勢，沒有大工廠能震懾客戶的現代化廠房和設備，沒有大貿易公司那種團隊協作的氛圍和強大的貨源體系，一切都很困難，在競爭中幾乎想不到自己有什麼優勢，覺得根本就說服不了客戶下單給自己。

如果這樣想，那就說明你的思維已經進入了一個誤區：缺乏自信，沒有發掘差異化，沒有爭取機會，沒有展示自身的特點，沒有努力讓客戶信任你、喜歡你……

說白了，自己放棄自己，才真的無可救藥。很多客觀因素既然已經存在，就只能面對，因為這個世界本來就是不公平的。要認清現實，才能調整心態，從而找尋出路，之後全力以赴。

那小企業是否真的可以爭取到好的機會呢？是否真的可以跟大客戶合作，實現「蛇吞象」的「奇跡」呢？

答案自然是肯定的。我想在這一節先給大家看一個案例，然後用後面幾節的內容，來詳細分析和闡述「小企業如何做好大外貿」。

中國供應商如何奪回那些失去的利潤（Competing & winning margin back）

　　某一套 dining set，也就是餐廳桌椅套裝，在美國終端超市或傢俱店的零售價可能是 1,299 美元。

　　而中國供應商出口報價和成交的 FOB 價格，可能只需要 300 美元；其他內陸運費、到美國的海運費、美國當地的一些雜費、進口關稅等，可能是 120 美元；此外美國零售商門市的銷售價，一般會抓取零售價 40%~50% 的利潤，我們就按 40% 計算，就是 520 美元。

　　這樣一來，1299 － 300 － 120 － 520 ＝ 359（美元）

　　我們的問題就來了，這 359 美元的中間利潤去了哪裡？

　　很可能，就去了美國進口商的腰包，或者落在了中國香港、台灣或新加坡的代理手中。那為什麼這部分利潤不能被中國內地的供應商拿去？而要中間再轉一手或者幾手？難道美國終端超市或傢俱店的採購者是傻子嗎？為什麼不與中國內地的工廠直接做生意，非要中間再過幾手？這又是出於什麼目的和心態呢？

第二節 美國零售商為什麼要找中間商？

　　根據筆者多年在中國香港和美國工作的經驗，引發這個問題的主要原因有以下三方面。

一、美國人的風控式思維

　　一個美國零售商，往往更信任他的同胞，以及過去多年來相對發達的新加坡和香港、台灣的貿易公司。他當然可以直接向中國內地的工廠採購，但是需要曠日持久地去跟進，要耗費大量人力物力，要招聘各類員工負責跟單、進行瑣碎的溝通和各種細節確認，還要安排驗貨、驗廠，要為產品的品質承擔風險，還要找代理負責出運手續，要聯繫美國當地的貨代，要有專門的同事負責進口事宜等。十分繁瑣，而且各種費用和成本都很高。

　　我們不能簡單用中國的思維來對比美國的企業，因為美國的人工成本很高。很多業務在中國可能很便宜，兩三個員工就可以搞定，但是在美國，你或許就要請上五六個人，以美國的用工成本和福利政策來衡量，這部分薪酬是一個不小的數字！

　　在美國這樣的發達國家，供應鏈的各個環節和體系都已經十分科學、完善，所以最合適的做法就是服務外包。讓合適的人，做合適的事情；讓

合適的公司，來完成合適的部分。一方面降低成本，一方面提高效率。

　　所以美國零售商，往往喜歡下單給美國進口商。這是因為信任，也是為了減少麻煩。一旦產品在美國出問題，就可以找那個進口商承擔責任。他是美國人，是美國公司，不怕他跑了，跑得了和尚跑不了廟。而新加坡和香港、台灣地區，畢竟壟斷了亞洲的對外貿易多年，它們在這方面非常專業，各環節也更容易跟歐美零售商對接。他們的思維理念和工作方式等都與歐美人十分接近，更容易與他們打交道，且工作效率更高。

　　就這樣，信任、專業、便捷、風險控制這幾個關鍵字，在某種程度上概括了美國零售商的採購偏好。

二、思維和銷售方式的不同

　　我們大部分貿易公司和工廠的業務員，都喜歡問客戶：「你要什麼？你有什麼需求？你有樣品嗎？你要我們怎麼做？你的目標價是多少？你要多少數量？……」

■ 專業化的主動出擊

　　但是歐美和香港、台灣地區的貿易公司在跟美國零售商聯繫的時候，會告訴對方的買手：我們有什麼；我們今年的主推是什麼；我們這一季的色系和設計理念是什麼；我們非常了解也能夠滿足你的市場需要；我們很熟悉你所在市場的法律法規和產品測試體系；我們的同類產品在美國大約賣什麼價位；如果跟我們合作，我們大致可以讓你在零售環節維持多少的利潤；我們對於品質的控制以及驗貨標準是什麼樣的；我們的優勢有哪些……

■ 美國的 buyer 最在乎什麼

這一套組合拳下來，大家看出思維方式和工作理念的不同了嗎？如果還是不太明白，那我再舉一個我親身經歷的事情。

多年來，我一直在美國零售商的採購部門工作，大多數時間在中國香港辦事處，部分時間在美國總部和其他海外辦事處，每天都跟形形色色的供應商打交道，很容易理解這種差異的存在。有一次，我的上司跟我說：「毅冰，你現在可以考慮今年冬季的採購了。聖誕前我們要做一次促銷，你做一個詳細的 presentation（計畫）給我，包括我們 home decor（家居用品）這個組要準備進行哪些項目，來配合 indoor furniture（室內傢俱）的銷售。」

接下來，我當然首先會尋找中國內地的供應商，包括工廠和貿易公司。我會問：「你們做過美國市場嗎？有沒有直接跟美國零售商合作過？」

我這麼問有兩個目的。第一，我要知道，他們是否了解美國市場的相關測試和法規，是否知道美國零售商的 taste（偏好）；第二，如果能直接跟美國主要零售商做生意，那起碼說明這個供應商已經可以取代 importer（進口商），能跟美國、新加坡和我國香港以及台灣的貿易商有同樣的思維方式和工作習慣。

如果兩個答案都是肯定的，那好，我會告訴這個供應商，請你推薦一些適合我們今年聖誕前促銷用的 home decor 類的產品，來配合我們的室內傢俱系列。當然，我也會提供相關的設計、色系、顏色搭配、促銷主題等，給供應商一些參考和靈感。

但是很可惜，這些方面，我國內地的大部分供應商基本都做不到。他們不知道怎麼推薦，不知道如何給方案，不知道下一步該怎麼做。大部分

業務員接到這樣的詢盤，一般都會問，你要什麼？你要不看一下我們網站，選一下感興趣的產品，告訴我數量，我再給你報價？

而在我看來，這是最低端的外貿模式。這個模式之所以在二十世紀九十年代可以成功，是因為競爭不激烈，制度上也沒有完全放開，在一個供小於求的市場大環境裡，可以大肆賺錢，不需要動太多腦子。可是今天，這種類似石器時代的傳統外貿模式已經落伍了。

對於外貿業務員而言，這是最底層的思維階段和工作方式，沒有什麼價值，也無法展示自身的專業和特點。在如今供遠遠大於求的市場環境中，難道還要靠這種沒什麼技術含量的手法、運氣和所謂的堅持來開發客戶嗎？

客戶要什麼，你做什麼，當然可以，但是這個階段很基礎，沒有附加價值，也就沒有我們所謂的加工模式。如果客戶什麼資料都有，產品、圖片、需求數量、樣品，那說明這個產品已經相當成熟，可能是其長期採購或者曾經採購過的產品。不只你可以報價，你的大部分同行也都可以。你面臨的結果，就是拚價格，拚付款方式，不存在太大的附加價值。說難聽點，許多供應商都可以輕易報價的產品，客戶憑什麼非要下單給你呢？他一定會貨比三家，找到價格最好、性價比最高、各方面最合適的。哪怕你的價格更低一些，在價格差距並不大的前提下，出於安全考慮，買手也一定會優先選擇自己的核心供應商。

■ 中國香港貿易商接到詢盤後的組合拳

我再說說同樣的案例，中國香港貿易商是如何應對我的詢盤核心問題的。

同樣的詢盤，一個中國香港貿易公司回答我：「麻煩你給我一週時間，我做好 collection（整系列）給你。」我回答：「行，我給你兩週。」

不過這已經是我的 deadline（最後期限）了。

然後這個中國香港公司就開動起來，憑藉他們的工作經驗和過往經歷，分析推薦不同款式、花型、顏色的地毯；不同款式、面料、尺寸的桌布；不同風格的燭臺；不同款式的花瓶和玻璃罐；不同款式、色系的不銹鋼餐具和陶瓷餐具；然後搭配不同花型跟圖案的沙發靠墊、牆上的相框、地上的柳編籃、牆角的大花瓶、角落的聖誕樹和各種掛飾以及一些架子上的鐵藝裝飾品等。一週之內，就給了我 400 多個產品的報價，並用一個專業的 PPT（簡報）來進行展示，由設計師整合所有的產品並進行設計，做了效果圖。

我收到後，立刻緊鑼密鼓跟 buying team（採購團隊）的同事、設計師、PD manager（產品開發主管）、merchandise manager（商品經銷經理）、QA manager（品管經理）以及一些海外同事開會討論哪些地方要改，哪些產品可以，哪些設計跟顏色要改進，哪些搭配不合適等。然後篩選、總結出大概有多少個產品可以列入考慮範圍，共計 150 個 items（單品）。

這個中國香港老供應商的厲害之處就在於，他馬上在中國內地工廠sourcing（詢價），第一時間打樣，然後把這些樣品發到了美國。這樣方便我們的設計師將整個展廳布置出來，把所有的產品根據最初的效果圖，按照門市的樣子擺放好，也就是模擬一個真實的環境。之後我們再看、再研究、再討論，看看哪些地方需要改進。

等到中國香港供應商第二次根據我們修改的意見打樣後，產品線我們都差不多定好了，大致的問題也都基本解決了，這時候我們才開始跟中國香港供應商談價格。這 150 個單品，哪些貌似貴了點，需要降價；哪些價格我們沒法接受，與預期差距太遠，需要動腦筋調整，換材料也好，換供應商也好，你去搞定，這是你的工作。

因為我們做的是一攬子計畫，這個促銷專案定下來之後，會分給三到四家供應商來做。這個中國香港公司，可能會是其中的一個，他們能分到 1,700 萬到 2,000 萬美元的訂單，然後其他三家美國和台灣的貿易商，再分剩餘的 2,000 萬美元的訂單。

這種操作，可能是中國內地大部分雜貨類貿易商沒法想像的，但利潤，恰恰就出在這裡！

三、「灰色收入」

一個絨毛玩具，中國揚州的工廠可能報價 3.5 美元，美國門市的零售價可能是 19.99 美元，價差很大。作為供應鏈上游的揚州玩具廠，可能賺 0.5 到 0.6 美元，或許更低；中國香港或美國的中間商，利潤可能有 5 到 6 美元，是工廠的 10 倍；然後美國的零售商，可能也有 5 到 6 美元的利潤。此外，除去雜費、運費、稅費和各種開支，還有一個沒法忽視的地方，就是「可能存在的灰色收入」。

我舉個不恰當的例子。一個美國大公司有一定工作年限的買手，不算採購經理、採購總監級別的中高層，可能年收入是 5 萬美元，加上一些業績獎金，可能年收入是稅前 12 萬美元，扣掉各種稅，不到 50 萬元人民幣。這個收入，可能看起來還不錯，但事實上並不算高，中國很多做得好的外貿業務員或者主管，一年的總收入也能達到這個數，甚至更多。至於高階主管和老闆，就遠遠不止這個數字了。

那依靠這 50 萬元人民幣的收入，他可以養家糊口嗎？他要負擔房貸，要還信用卡，要付各種帳單和保險費，要養活幾個孩子。他的太太可能在家照顧孩子沒有工作，除此之外，還有各種生活成本和雜費，包括孩

子們的學費、每年的家庭旅行等，他能否承擔？

理論上是可以的，但絕對談不上過得很舒適。可爲什麼，很多大公司的買手可以休長假在馬爾地夫旅行三四個月，每天住著七八千元人民幣的飯店，吃著兩三千元的餐食？或者跑去南歐，享受蒙地卡羅的陽光、沙灘？

顯然，他們的收入和支出很多時候是嚴重不符的。那用什麼來負擔這樣的生活呢？很顯然，就是我說的「可能存在的灰色收入」。爲什麼說可能存在？因爲這僅僅是猜測，並沒有證據，如果證據確鑿，對方早就在牢裡待著了，不是嗎？

坦白說，在美國這樣的發達國家，貧富差距比我們想像的要小很多。一般而言，除了 IT 行業的、矽谷的高薪人士，華爾街金融行業的菁英以及好萊塢明星外，大部分貿易行業的打工人士都不會有很高的薪酬。能力還不錯的普通職位員工，哪怕在比較好的企業，也就能夠拿到 4 萬到 6 萬美元的稅前年薪，這是根據每個人的貢獻來定的。如果你能力很強，對公司貢獻極大，那可能會很快升職，收入自然水漲船高。

既然買手們的薪水不會太高，差距也不是太大，那如何負擔奢侈生活呢？這個問題，我想大家心知肚明，也不用我多說了。

可話說回來，即使要賺灰色收入、拿暗傭，美國大公司的買手也往往不會直接下單到中國內地的工廠，然後私底下從工廠老闆那裡拿錢。因爲他不放心、不踏實，他有把柄在工廠老闆手裡，要是改天轉單，人家把事情捅出來怎麼辦？這不就是個不定時炸彈嗎？

如果他因爲品質問題要索賠，工廠或許就會耍無賴不賠，然後拿暗傭的事情要脅他，他就很被動。所以，他可能一開始就會偏向於下單給美國進口商。美國人跟美國人之間，私底下談談事情，喝喝酒，桌底交易可能就達成了。

這就是有的時候一個很簡單的訂單，一個很單一的產品，明明中國內地工廠的報價非常好，工廠也很現代化，還給出優厚的付款條件，產品也相當不錯，可買手還是會先下單給美國進口商，然後轉單給中國香港貿易商，再轉幾次手，再下單到中國內地工廠的原因所在。

大家所說的國際慣例的確存在，但絕對不是全部原因。某些時候，在這其中起到重要作用的，或許就是實際上存在，但大家都諱莫如深的桌底交易。

看到這裡，是不是很多業務員朋友開始垂頭喪氣、心灰意懶了？咱再追多少年，似乎都沒什麼指望，這是非戰之罪啊。

說實話，的確很難，國際分工擺在那裡，很多問題也真實存在。但這並不代表中國大陸的供應商就完全沒有機會。作為新一代外貿人，擺脫過去那些傳統的思維和工作方式，提高自身的能力和專業素養，跟香港、台灣地區和歐美貿易商在同一個層面全球競爭，才是出路。我覺得，大家應該考慮，從以下幾個方面來改變現狀。

▪ 真正意義上的思維國際化

要充分了解整個供應鏈以及供應鏈上的各個環節，而不僅僅是產品和價格這些最基礎的部分。比如蘋果公司，他自己沒有工廠，但是它掌握了iPhone 最大的那部分利潤。它只專注於最核心的利潤環節，就是設計、研發、專利、採購、供應鏈管理、品牌塑造、定價權等。至於其他相對低利潤的部分，就外包出去，找專業的人來做專業的事。這就是頂尖的成功企業的思維。

■ 提升外貿企業員工的專業化培訓

單純地詢詢價、報報價，有事沒事催下客戶，是沒有什麼價值的。說難聽點，你做這麼機械化的工作，這麼沒技術含量的工作，你可能拿高薪嗎？所以，專業化才是提升自我價值的關鍵。要懂產品、懂談判、懂市場、懂行情、了解海外，要有見識、走出去、能跟不同的人打交道、能跟比自己強的人學習。舉個例子，一個從未去過美國的人，你讓他去負責北美市場的戰略開發，這不是開玩笑嗎？先別笑，許多國內貿易公司，天天都在上演這樣的笑話。

■ 產品測試和法律法規

這是大部分中國供應商的弱點，也是大部分業務員最弱的板塊。許多業務員在接到詢盤時，都會習慣性地問客戶，「你需要做什麼測試？你有什麼要求？你要我們提供什麼報告？」而不是直截了當地告訴客戶，「我們有 UL 測試報告，我們能夠達到國際電工行業要求，我們通過了 Prop 65（加州六五）測試、Phthalate（鄰苯二甲酸鹽）檢測，完全符合產品安全和材料的化學安全要求，您可以放心採購。」不是說沒有業務員可以做到這樣，只是大部分還做不到，還有漫長的路要走。

■ 眼光和布局的全球化

就像馬雲先生說的：「大企業要有小作為，小企業要有大夢想。」其實說白了，我覺得就是兩個概念。大公司，要注意細節的掌控；小公司，要有未來長遠的戰略規劃。因為外貿行業過去那麼多年都在粗放式的發展，如今已經落後於這個時代了。未來的中國外貿行業的發展路線，一定是精耕細作、精益求精的。多元化也好，專業化也好，都逃不開附加價值

和差異化，一定要能夠跟全球供應商在同一起跑線上競爭，只有這樣我們才有發展和出路。

優勝劣汰，適者生存，進化論同樣適用於外貿行業。

沒有最好，只有更好。

沒有最合適，只有更合適。

沒有最出色，只有更出色。

所以我們可以看到的是，如今已經不是過去那個外貿粗放式增長的年代了。只要肯花時間和精力都能賺到錢，都能有自己的出路的時代已經過去了。

嚴格意義上講，如今的外貿出口行業，可以算是失去人口紅利和成本優勢後的正常回歸。你要想在外貿領域繼續深化經營，繼續找尋自己的位置，繼續開發自己的一畝三分地，那就只能走差異化路線、精益求精。過去的拚價格思路，只會讓你公司的路愈走愈窄。

大企業一定成功？未必，即使排在世界 500 強前幾名的，也可能突然倒閉；沒幾個人的小公司，也可能因為找準定位而賺得盆滿缽滿。外貿本身就不具有太強的「門當戶對」性質，大公司可能「下嫁」，把很多訂單交給小公司做；小企業也可能「高攀」，找大工廠給自己加工產品。

歸根到底，我們要打破思維裡的牆，從定位、產品、行銷、推廣、專業、服務、效率等多角度下手，逐步打造自己的核心競爭力以及形成跟同行的差異化。

優勝劣汰是未來的必然選擇。

適者生存，不適者被淘汰。

這就是殘酷的現實。

毅
冰
說
：

中國供應商如何奪回失去的利潤？一個案例可以折射出外貿背後方方面面的東西，如一張蜘蛛網般，可以縱覽和輻射全域。

案例本身是思維方式的體現。主導這一切的，都是背後的思維方式，然後是思維方式影響下的強大的執行力。

值得深思。

第三節 找準自身的定位

定位這個詞，大家可能聽到過很多次。有很多商管類暢銷書，做的就是跟定位有關的內容。

定位在英文中可以翻譯成 positioning，在外貿銷售領域，可以理解為對用戶市場進行細分，有針對性地開發業務。這是我個人的理解。

要是說得直白一點，就是如果用戶要買輛 BMW，你推薦曳引機給他，這個定位就有問題；如果用戶要買北京的別墅，你推薦三四線城市的 27 坪剛需房，那定位就同樣有問題。

因為沒有找準客戶的需求，也沒有找到自己的特點，亂推薦，亂開發，不僅浪費自己的時間，也浪費客戶的時間。

所以我們要找準自己的位置，也找準有機會合作的客戶的位置。找到共通點，找到有說服力的點，才有可能在談判中打開局面，爭取一些機會。

一、自我評估體系的建立

業務員首先需要問自己幾個問題。

第一，我們的品質處於這個行業的哪個層次？

第二，我們的價位究竟在哪個區間？

第三，我們在哪些地方可以更多地去配合客戶？

第四，我們的哪些優勢和特點可以用來展示？

第五，哪些客戶才是最適合我們的？

這五個問題，其實就是四加一，前面四個，是對於自身的定位，第五個，是對於客戶群體的細分。如圖所示：

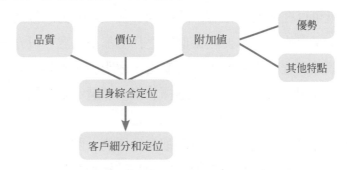

圖2-1　定位（Positioning）〔毅冰製圖〕

做業務不見得要「門當戶對」，但根據自身特點和客戶特點，找準自身的定位，對於提高效率和調整工作方向，還是十分有必要的。

就像上一節案例中的香港公司，他們的定位就一定不是跟內地供應商拚價格，否則就沒有出路。他們選擇的是走差異化和服務化的路線，通過專業的建議，整體的方案規劃，高效的供應鏈整合，全面配合的打樣與開發，從而爭取到了美國客戶的大訂單。這一切的一切，就是因為找準了自己的位置，也對了客戶的胃口。

二、找準自身優勢，不要「硬碰硬」

所以如果要用一個詞來解釋定位，我會把它概括成：針對性。

如果你還夠不到大客戶，你的產品、價格、付款方式、服務、團隊都

達不到大買家的要求，卻要勉強開發的話，各種時間、精力和成本的浪費將會很驚人，而且效果會十分糟糕，還會打擊自己和團隊的積極性。這種情況，就屬於沒有針對性地找合適的客戶，浪費了現有的資源。

如果你的服務很棒，你的幾個老客戶因為長期的合作對你產生了依賴和信任，你就可以在開發其他客戶的時候，強化這方面的優勢。因為你要找的，就是吃這套的客戶。要是某個客戶什麼都不在意，只介意價格，你還非要跟出價最便宜的供應商去死拚價格，你明明做不到，明明吃力不討好，還要虧本報價，最後做不到再選擇放棄，那還不如一開始就把時間放到別的地方。

因為無論是個人還是公司，時間都是有限的，團隊的能力和努力，也不可能無限制擴大。這就必須有所取捨，在該捨棄的時候捨棄，在該爭取的時候爭取。我們的確贊同大家不要輕易放棄，但是同樣要求大家不要無謂地浪費時間。

找準自身的定位，提煉自己的優勢，強化自己的特點，讓你成為客戶眼中的唯一，這就夠了。沒有必要用短處去跟別人的長處硬碰硬，那樣就違背了初衷。

如果你賣的是 BMW，你要強調的是自己產品的品牌效應，是駕駛的舒適感，是精良的品質，是完善的細節，是操控的靈活性，而不是跟曳引機去比運載量，跟低端車去拚價格。那定位就錯了！

毅冰說：

定位這個詞聽上去複雜，但實際上可以根據自身情況來分析。說白了，就是根據自身情況和特點，對客戶群體做出細分，然後高效率地進行開發。這也是未來市場行銷的一個主導方向和思路。

如果用一個詞來概括定位，我覺得「針對性」最合適。

第四節 草根團隊 VS 菁英團隊

這又是兩個很有趣的詞——草根和菁英。每個人對於「草根」有不同的認識，對於「菁英」也有不同的理解。

我曾經跟同事聊起，有一種說法是「本土派」屬於草根團隊，「留洋派」屬于菁英團隊。雖然這並不是絕對的，但也說明了一些問題。在很多朋友的理解中，本能地會對不同外貿公司團隊進行優劣比較並做出判斷。

其實，在沒有特別出眾的管理模式和制度體系的情況下，純粹靠自己摸索使團隊獲得成長，在摸爬滾打中跌倒無數次，最終走出一條適合自己的路，這本身就是一件很了不起的事情。「草根」兩字也沒有任何貶義，而是代表一種「自下而上」的力量。這種不屈服於現狀，與現實抗爭的精神，讓我想起高爾基那篇著名的《海燕》。

┃一、「全明星隊」未必打贏「全草根隊」

菁英團隊彙集了一大批高學歷、好背景的外商人才，但一定會贏嗎？其實也未必。全明星並不一定就能把資源配置最優化，反而可能因為種種衝突，各種觀念的碰撞，誰也不服誰，造成一系列的內耗。這讓我想起了當年的皇家馬德里足球俱樂部，它彙集了全球頂級的大牌球星，隨便拉出幾個人都抵得上甚至超過別人整個俱樂部球員的身價。照理說它奪冠是鐵

定的事情，可結果呢？它並不是每次都能打敗身價遠遜於自己的球隊。

我們做外貿也是一樣的道理，任何行業，任何產品，都會有不少競爭對手。這裡面有大企業，有小企業，有工廠，有貿易公司，有能力強的，有實力一般的……

所以在任何情況下，競爭對手都一大堆。我們不談獲勝，起碼要在競爭中利用自己的特點，找合適的機會，爭取哪怕希望渺茫的一些項目，或許成功就在轉角等著你。

每個人都希望自己占據各方面的優勢，比如自家公司的實力要雄厚，產品要獨特，價格要便宜，技術要出眾，支援要足夠，同事要給力，團隊要專業，上司要睿智。最好能夠徹底碾壓對手，報價一報一個准，客戶把公司郵箱發爆，電話打爆，門口擠爆，哭著喊著求你：「行行好，接一下訂單」。

都說到這裡了，我想給大家潑一盆冷水：醒醒吧，別做夢了。因為這裡面本來就存在悖論。假設品質好，那成本一定高；假設技術獨特，那必然有研發費用；假設公司大，那管理成本自然上升；假設團隊專業，那薪酬肯定要上個臺階。所以如果這些都滿足，那如何保證價格好呢？如何達到效率高呢？所以哪怕能同時做到其中的幾項，也要去篩選擁有哪些，捨棄哪些，來定位自己和團隊的方向。

二、團隊的優劣勢

菁英團隊好嗎？很好，但是也會受到內部溝通複雜、工作內耗嚴重、人員成本過高等種種條件的限制。

草根團隊差嗎？會有一些問題，但也會有諸如談判靈活、不拘泥於現

有規則、很多事情無須按部就班、人員成本相對低廉等優勢。

我們或許可以透過一個表格來做一下梳理：

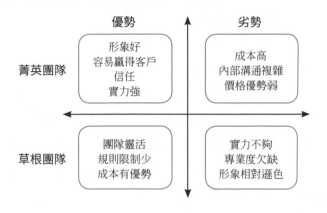

圖 2-2　菁英團隊 VS 草根團隊（Elite Team VS Grass-root Team）〔毅冰製圖〕

三、團隊打仗的戰略戰術

所以真正的問題是，菁英團隊像是「正規軍」，草根團隊像是「游擊隊」，「正規軍」一定贏而「游擊隊」一定輸嗎？其實未必，就看具體怎麼執行、怎麼打了。

「正規軍」當然是正面交鋒占據優勢，可以通過實力制勝，成功碾壓對手。但「游擊隊」是傻子嗎？它自然不會用自己的短處去跟別人的長處競爭，既然正面交鋒打不贏，那就利用對方的弱點，專打補給線，擾亂對方，從而找尋另一條勝利的路。

我之所以寫這一節的內容，是希望告誡大家，如果自己處於菁英團隊，不可以掉以輕心，因為你看不上的對手，或許在某一刻就給你致命一擊。如果自己處於草根團隊，也無需妄自菲薄，只要自己想辦法、找機

會，同樣是可以發揮優勢來打擊對手的。

這裡面其實是方向的問題，是繞開不自量力的硬碰硬，認清現實並選取對自己有利的要素跟同行競爭的策略選擇。

不要怕自身有些地方不夠強。畢竟供應商都有自己的缺點，客戶也都有自己的喜好和選擇。所以只需要強調和深化優勢所在，就足夠了。

如果希爾頓飯店非要跟快捷飯店去拚價格，那它一定輸得很慘。如果快捷飯店非要跟希爾頓飯店去比拚硬體，同樣會一敗塗地。大家的情況不同，做銷售策略，做市場戰略，必須量力而行，制定適合自己的發展路線，而不是隨意去模仿別人，用自己的弱點跟別人的優勢硬碰硬，那只能頭破血流，不會有奇蹟發生。

做貿易也是如此。如果身處菁英團隊，有好公司、好產品、好團隊、好平台，自然要強調標準作業，讓每個環節都量化，讓每個業務員都可以按照公司的既有策略去做，步步為營。這就足夠了，就是最大的功勞。可如果身處草根團隊，本身產品一般、價格一般、團隊一般，那需要的就是主觀能動性，需要更多靈活的思路，去將勤補拙，去打造適合自己的優勢特點，來適應變化萬千的市場和客戶。

我希望告誡所有外貿朋友一句話：英雄不怕出身低。能走多遠，一方面取決於機遇，一方面取決於你的努力和堅持。

> **毅冰說：**
>
> 嚴格意義上講，這節是針對上一節「定位」所做的一點補充，是希望告訴大家團隊的重要性，以及適應不同團隊，打造不同競爭力的差異化思路。
>
> 任何公司，任何團隊，都一定有弱點。大家要做的，不是去跟別人的優勢硬碰硬，而是找自己的特點，走自己的路，去適應這個差異化的市場。

第五節 工作流程，你優化了嗎？

工作中，我們常常聽到一個詞，叫作「標準作業」，英文可以翻譯為「standard operation」。那在外貿領域裡，「標準作業」代表了什麼？我相信有朋友會說，這代表了自己和公司的專業；這代表了管理的出色；這代表了團隊的合理分工……

這些答案都對，可並不全面。在我看來，外貿行業的標準作業流程，就是你工作的每個步驟都應該細分跟量化，每一步怎麼做，什麼時候做，部門之間如何協調，都應該有一個專門的手冊。舉個不恰當的例子，就像做肯德基炸薯條的步驟，第一步做什麼，第二步做什麼，油溫多少度，薯條炸多久，什麼時候撒鹽，怎樣裝盒。可能外人看起來很簡單，但是這每一個步驟都是經過精確計算的。盡可能確保每一份薯條都是差不多的品質跟口感，這就是標準作業。

換到貿易公司身上也是如此。標準作業流程的打造，能夠盡可能控制失誤，降低風險，減少損失。一個專業的業務員在跟客戶溝通和打交道的時候，可以表現得很出色。可如果是一個普通的業務員呢？如果沒有所謂的標準作業，沒人告訴他每一步該如何做，他可能就會按照自己的想法隨心所欲地去工作，結果可能就會出大紕漏。這種可能性絕對存在，而且機率不低。

一、「毅冰團隊」的標準報價流程

企業自然是要把員工盡可能標準化，讓他們對外都是統一的形象，做事都是一樣的模式。這樣才能盡可能平衡各個環節，在客戶眼裡形成所謂的專業印象。我們還是透過一個很簡單的案例來分析「標準作業」的優勢所在。

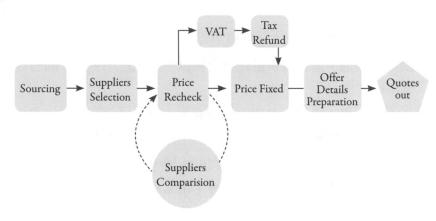

圖 2-3　專業的報價流程（Professional Quotation Flow）〔毅冰製圖〕

這是我自己製作的「標準報價流程」圖。我在管理團隊時，要求業務員全部按照這個流程來做。盡可能把工作做細緻，也減少了業務員報錯價格或者發生一拍腦門亂報價格的情況。

先看第一步，Sourcing（詢價）。跟自己的供應商去詢價，透過各種途徑去做這個工作。說白了，就是你起碼也得貨比三家甚至更多，這樣心裡才會有底，才能知道真實的價格區間是什麼，大致的產品差異在哪裡。我對業務員的要求是，同一款產品至少要比較三家以上的供應商，哪怕已經有非常配合的老供應商存在，也需要重新找新供應商詢價和比較，以此

來建立和打造自己的供應商資料庫。

接下來是第二步，Suppliers Selection（供應商的選擇）。從漫天撒網到最後收網的過程中，針對這個專案或產品，選擇最合適的供應商。這裡的「最合適」，我想前面已經說了不少，不一定是價格最低，不一定是品質最佳，而是綜合各項因素後篩選出的相對更優。

下一步，是 Price Recheck（重新核算價格）。可能很多朋友會疑惑，價格不是已經解決了嗎？不是已經根據大家的產品和報價選出最合適的供應商了嗎？為什麼還要重新做價格核算？

別急，一開始選擇和篩選供應商、漫天詢價的時候，不可能把所有的細節和要求都一五一十講清楚，這不現實，也沒那個時間。但是到了這一步，也就是差不多確定了供應商的產品和報價，那就有必要把所有的細節確認清楚，力保不出問題。

在圖 2-3 中我還畫了兩條線路圖，一條是上方的實線，一條是下方的虛線。先看實線部分。供應商的價格從重新核算到最終定下來這段時間，貿易公司還需要考慮 VAT（增值稅）和 Tax Refund（出口退稅）的問題。比如說，一個產品的工廠價格出來了，業務員核算之後準備加 10% 的利潤，這當然可以。可問題在於，工廠的價格如果需要開 17% 的增值稅票給貿易公司用作出口退稅，扣除抵扣部分，只需要在單價上增加 5%。可這個產品或許出口退稅有 17%，那麼，就等於貿易公司透過退稅獲得了 12% 的收益，再加上原本打算加的 10% 利潤，總利潤已經達到 22%。這樣的價格報出去希望會很小，業務員就需要根據情況調整價格，價格再降低 5% 作為最終給客戶的報價，或許更加保險一些。

再看虛線部分，這裡又來了一個 Suppliers Comparision（供應商比較），這又該如何理解呢？實線部分涉及增值稅，可現實中，有些工廠可能由於採購管道的問題，稅費抵扣比較少，需要 17% 的增值稅票，或許

就需要在報價上增加 15% 甚至更多。而這個時候如果有幾家供應商都還不錯，就可以繼續進行比較，從中選出更合適的。

這一步完成後，價格確認好，細節確認好，準備給客戶的價格都已經算出來，就進入了 Price Fixed（價格確認）這個環節。接下來就是 Offer Details Preparation（提交細節準備情況），要把所有的細節都清晰無誤地寫進郵件正文或者專業的報價單內，並檢查無誤。確認這個流程已經都按照標準執行下來了，那就到了最後一步──Quotes out（發送報價單給客戶）。

這樣看來，是不是按照流程圖一步步執行下去，會比業務員隨意詢價、報價更加可靠呢？

當然，這只是關於「給客戶報價」這個環節的標準作業流程，並不是外貿工作的全部。不同的企業，自然要根據自身的不同情況，在每一個環節都逐步積累經驗，在過去的一次次試錯中總結，從而打造出一整套的標準作業流程。

二、缺乏標準流程帶來的麻煩

這裡，我想再補充一個案例，是一個朋友與我分享的真實經歷，供大家參考。

無標準作業流程的打樣（Sampling problems— without professional process）

我們是做五金行業的，跟新加坡的一個貿易商有合作。他有個訂單（50 萬套螺絲和方扣的組合件，訂單額 2 萬美元），2016 年 7 月開始談，2017 年 2 月出了 10 萬套，但客戶回饋螺絲顏色不對，需要退貨。

客戶下單的是一款新產品，我們拿去供應商那裡做樣品。當時電鍍的顏色是黑色，寄給客戶確認的時候，客戶出的檢測報告寫了電鍍顏色 fail（不接受）。可最後他們內部確認通過，表明我們的樣品可以接受，可以用來做大貨，只是需要改善產品的毛邊問題，電鍍的問題沒有再多說。

可是如今，我們剩餘的 40 萬套產品都已經做了黑色的電鍍，如果按照客戶要求，把全部產品都重新電鍍，差不多需要 6,000 元人民幣，抵扣了這一單所有的利潤。

還有，就是已經出貨的 10 萬套，客戶要求在當地返工，找工廠做電鍍。於是，客戶又給我們開出了 1,400 美元的帳單。

您說這個費用我們是否應該承擔？如何跟客戶商量？

舉出這個案例，不是要跟大家分析究竟如何應對，究竟該不該賠錢的問題，而是我想從標準作業的角度來分析，如何避免這樣的情況發生。

在我看來，要客戶分擔費用，或者拒絕支付費用，得有充足的理由才行。可是顯然，這個朋友本身的訂單操作是有很大問題的，結果麻煩來了，就只能認了。沒辦法，誰讓自己不夠專業，不夠謹慎呢？這裡面，客

戶並沒有大問題，可能只是要求的事情沒有重複強調而已。但業務員因為「想當然」而造成了麻煩，就需要負主要責任。

這類問題，如果按照標準作業流程處理，是否真的可以避免？答案是肯定的。不敢說 100% 避免，起碼 99% 的問題都是可以事先預見的。

這個案例提到了客戶 2016 年 7 月提供的樣品、確認的訂單。業務員標準作業流程的第一步，就是根據客戶的樣品和要求，讓自己的供應商打幾套樣品出來，然後寄過去給客戶確認。如果客戶書面確認沒問題，業務員才可以往下安排。

當然，對於重要訂單和大訂單，這個環節還可以做得更加細緻，可以增加「簽樣」環節。一旦客戶接受樣品，表示可以用來做大貨，就可以請客戶簽字確認，然後用你快遞過去的袋子將樣品封起來，在封口部分再請客戶簽字。這樣一來，就確保了封好的樣品不會被私自拆開和替換。大貨完成後，客戶委派自己公司的驗貨員或者協力廠商的員工來驗貨的時候，就可以拆開封樣，對照著驗貨。一旦有扯皮的、說不清楚的地方，就可以以封樣為參照。

案例中的客戶，在第一次的報告裡明確寫了不接受電鍍的顏色，那麼，哪怕客戶後來並未提起這個事情，作為業務員，你也需要跟客戶書面確認顏色是否可以不改。必須發郵件確認，而不是在電話裡。不然一旦對方不認帳，業務員都沒地方哭去。

接下來，就是二次打樣的問題。顏色也好，毛邊也好，什麼問題都好，只要客戶沒有表示接受，那就要重新打樣，重複上面的步驟。只有當客戶明確接受樣品，才可以按照樣品的標準來做大貨。

這就是樣品和訂單安排的標準作業流程，一步都省不得。不出問題沒事，一旦出了問題，那就麻煩多多，只能怪自己不夠謹慎，何必？還不如把所有事情做在前面，做細緻，做專業，變成標準的流程，雖然不能保證

萬無一失，但起碼可以把風險降到最小。

除此之外，每項工作都需要根據具體的情況，來制定適合公司的標準作業流程，把每一個步驟都量化，以此來控制風險和提高效率。說得更直接一些，就是不管這個職位誰來做，都可以按照一、二、三、四步的流程往下走。每個步驟都是根據長期的經驗和調整總結出來的，能夠應付大多數的狀況，也能夠盡可能地保證在工作環節中，在訂單操作中，在客戶談判中，減少人為因素帶來的失誤。

三、這樣告訴客戶參展資訊，他怎麼會不來

舉個簡單的例子。告知客戶參展資訊，邀請客戶面談這麼簡單的一個事情，不同的業務員，做出來的結果，也是完全不一樣的。對我來說，絕對不是簡單地發送一封電子邀請函，告知對方攤位號和展會時間就行。客戶每天會收到很多郵件，你所在的公司將要參加某個展會的資訊他可能看到了，後來又忘了，或者供應商太多，根本沒時間一一對應，又或者一下子找不到你的郵件了。那我們是否可以盡量減少這些「偶然事件」的發生呢？

案例
2-3

參展邀請客戶的標準作業流程（Outstanding inviting process）

我的做法就是分六步來執行：

第一，一般展會前三到四個月，我已經定好展位，確認好了一切。這個時候我就會開始聯繫客戶。告知我們去參展的時間和具體情況，詢問對方是否會去，到時候能不能見個面，一起聊聊。同時提出，有很多擱置的項目（pending projects），希望可以面談。

第二，展會前一個月，我會發一個正式的邀請函。邀請函要做得簡潔精緻，有自己的特色，不一定多出色，起碼要讓對方一眼可以記住。這個時間如果太晚，客戶臨時安排行程會比較緊迫；如果太早，離展會時間還遠，容易被忽略。

第三，如果依然沒有得到正面回覆，或者收到的都是模棱兩可的答覆，那我就會在展會前兩週，電話跟進一下，跟客戶聊聊最近的情況，然後提一下我這邊計畫什麼時候去參展，已經發過正式邀請函，不知道是不是被郵件淹沒了，可以再發送一遍。當然，電話裡可以放鬆一些，開開玩笑，比如順口提一下展館附近有一家很棒的德國餐廳，到時一定找機會聚聚，請他吃德國大肘子。

第四，打完電話，需要立刻跟進一個郵件，做一個電話會議記錄（phone conversationrecap），把電話裡提到的幾個重要事項列舉出來，然後再次告知我方的攤位號和展會的具體時間和地址，以及我個人的聯繫方式。聯繫方式很重要。雖然大家可能會認為，客戶有我的名片和電話，但要考慮到的是，如果客戶當天去了展會，想找你但電腦沒在身邊，用手機查詢郵件，你的簽名檔裡又恰好沒有手機號碼，緊要關頭還真聯繫不上你。

第五，展會前一週，再次郵件跟進。這就需要點技巧了，要用mail group。比如第一封郵件再次告知我們的參展時間和攤位號，希望他過

來面談，同時告知我方參展的產品；第二封提供參展產品的具體圖片，附上大致的報價單，僅突出幾款主推產品和優勢產品的報價，其餘的只提供細節但不報價，留個尾巴以待後續跟進；第三封把我們新產品的廣告頁和這次參展的電子樣本，以附件形式發給客戶參考，說白了就是通過精美的圖文來誘惑他。

第六，展會當天，如果有客戶手機號碼的話，就給客戶發個簡訊，言簡意賅地說清楚自己是誰，是哪個公司的，攤位號是多少，手機號碼是多少，他或者他同事如果來展會，可以透過這個號碼聯繫到你，有任何需要幫忙的，隨時開口。

我跟進客戶用的就是這六個步驟，這就是參展前邀請客戶的標準作業流程。我會詳細列出來給業務員，以便他們執行。這就是規矩，執行過程中可以根據具體情況調整細節，但是大方向不能改。

毅冰說：

標準作業流程說起來容易，做起來要經歷千錘百煉、無數次試錯才能總結得出來。對業務員而言，對公司而言，它是評價其處於哪個層次的標桿。

業務員不僅要把精力放在業務開發上，還要能複製成功的經驗、彌補錯誤，把所有的模式都標準化。這樣打造出的團隊，才是真正意義上的「正規軍」，才可以盡可能控制風險，維護公司利益。

這個世界上並沒有真正意義上的萬無一失，但有把風險降到最小，把事情做到極致的專業。

第六節 變通，突破思維的局限

常常聽到有些朋友抱怨：

「我們是貿易公司，要向工廠拿貨，價格沒有優勢。每次客戶問我們是貿易公司還是工廠，我都覺得無法回答。實話實說，可能就沒下文；撒謊，遲早也會穿幫……」

「我們的產品真的很普通，而且價格也沒有太便宜，都接不到訂單……」

「我們是工廠，沒有貿易公司那麼靈活，產品也比較單一。很多客戶的詢價都包含不少產品，是不是應該放棄「專業化」，走「雜貨商」路線？還是說跟貿易商去競爭……」

……

這類問題其實很多，工廠有工廠的難，貿易公司有貿易公司的苦。有些業務員覺得在貿易公司工作沒前途，於是跳槽去工廠，然後又發現在工廠工作也沒有想像中那麼容易。於是就開始茫然，不知道該怎麼辦。

我想說，這裡面固然存在各種現實的問題，但歸根到底，還是思維方式限制了自己的行動。每個公司都要面對各種問題，這是事實；每個行業都不簡單，這也是事實；外貿不好做，同樣是事實。

我還想說，工作本身就不容易，你想輕鬆就只能停留在原地；你想繼續往上攀爬，只能堅持不懈，還要動腦筋思考有沒有別的更好走的路。這需要有堅持的韌性，還需要有敏銳的眼光和觸覺，只有這樣，才能不斷調

整腳下的路。這就是思維方式在背後的引導和推動作用。

我們可以透過幾個簡單的案例來分類進行闡述。

一、家家有本難念的經

案例 2-4

工廠有工廠的苦（Issues for rmanufacturers）

或許很多貿易公司業務員覺得工廠是製造商，很能吸引客戶；工廠的價格一定好於貿易公司，接單更容易；工廠自己能掌控生產環節，品質容易管理，所以優勢滿滿；工廠業務員是大房生的，貿易公司業務員是小妾生的……

其實根本就不是這麼回事，工廠也有工廠的苦。當貿易公司業務員在拚命羨慕工廠業務員的時候，對方或許也在羨慕嫉妒貿易公司業務員呢。我可以輕而易舉地拿出一大堆案例來證明這件事。

比如，產能限制就是工廠的死穴。貿易公司可以換工廠，換供應商，接受大訂單，可以向不同工廠分流訂單，可工廠不行。有些流程因為成本原因沒法外放，有些材料因為品質原因無法外購，有些環節因為管理和供應鏈問題沒法協調。要工廠做貿易公司的事情，本身就是越俎代庖，效率和優勢都會受到影響。

再比如，小訂單的安排工廠同樣會很為難。特別是當工廠產能飽和的時候，如果新客戶需要打樣，工廠可能就要暫停生產，專門去安排打樣或者做小單。這樣就會得不償失，耽擱原有客戶的交貨期，影響工人

的產出效率。所以面對小單或者樣品單，工廠會很糾結，在訂單飽和狀態下，往往只能忍痛放棄這些潛在客戶。貿易公司就不同了，這個工廠打樣難，我就換一家；那個工廠小單不願接，我就動用一些關係找願意配合的工廠做。靈活性上，比許多工廠強一些。

　　還比如，不規範的工廠要面對大客戶驗廠的困境。從工廠角度而言，因為它本身就是製造業或者產品出口前的最後一環，的確能被很多客戶青睞和選擇。然而有利就有弊。如果碰到一些大買家或者專業客戶需要做驗廠（factory audit），可工廠是小作坊或者並不規範，顯然無法通過，那麼，這類客戶往往就只能捨棄。但貿易公司就不一樣，可以給客戶量身定做方案，針對不同需求的客戶來尋找最合適的工廠。這樣是不是機會更大一些？

看到這裡或許很多朋友開始扭轉觀念，那是不是應該首選貿易公司呢？我的答案是，非也非也。請諸位看官繼續往下看：

案例 2-5

貿易公司有貿易公司的難（Issues for trading companies）

　　在上一個案例中看多了貿易公司的優勢，這裡就說說其難處吧。

1）碰到只願意跟工廠合作的客戶。

2）碰到超級大的單一訂單，需要把價格拚到底。

3）碰到原物料之類的附加價值特別低且沒有增值花樣可玩的產品。

4）碰到新產品沒有熟悉的供應商與之配合。

5）碰到技術要求很高且必須工廠技術人員深度參與的專案。

......

　　這樣一看，是不是在貿易公司做業務也沒有想像中那麼容易？雖然天下工廠都可以為己所用，但是理論和實際終究還是有很大差距的。知道情況是一回事，如何面對和處理又是另外一回事。

　　我之所以寫這兩個案例，並不是要給大家分析貿易公司和工廠的優缺點，而是希望借此告訴大家，不要陷入思維誤區。看著別人的優點對自己的現狀自怨自艾，沒有任何幫助，也沒有任何意義。還是應該立足現實，在現有的框架下，發揮最大的主觀能動性，提升自己的專業和價值，做該做的事，把能做的事情做得更好。這樣，自然會贏得愈來愈多的機會。

　　本來就只是角色不同、定位不同、分工不同而已，並沒有孰優孰劣這一說。

二、絕路不是死路，絕境亦可逢生

案例 2-6

大買家的驗廠沒通過怎麼辦（Fail in factory audit of heavy customer）

　　曾經有朋友提了個很有意思的問題。她接到了美國一個大客戶的詢

價專案，各方面都談得不錯，報價和付款方式都已談好。唯一的問題就是客戶提出，他們所有供應商都必須通過第三方機構 Intertek 的驗廠。

　　然而她的工廠只是個小作坊，雖然通過了消防驗收，有環境評估報告（簡稱環評報告），但絕對通不過驗廠。她覺得心灰意懶，想放棄這個項目，連樣品都不想寄了，不想浪費時間。她來請教我是否應該主動放棄，給客戶足夠的時間去尋找更合適的供應商。

　　我的答案當然是沒有必要放棄。因為我在美國大公司做過多年的買手，完全知道這其中的奧妙，這是有變通辦法的。對於驗廠，簡單來說，有三個核心雷區是不能碰的。一是用童工，二是不進行消防驗收，三是沒有環評報告。這三者碰了任何一個，都會通不過驗廠。

　　可如果像上面這位朋友那樣，三個大問題一個沒有，其他問題不斷，驗廠又無法通過，該怎麼辦？

　　結論是，該怎麼做就怎麼做，大大方方讓客戶驗就是了。哪怕第一份驗廠報告千瘡百孔，但是只要沒有觸及紅線，那就屬於我們所謂的「殘而不破」，就可以繼續整改，然後再申請重新驗廠。

　　歸根到底一句話：「訂單照接，整改繼續。」驗廠不通過當然不行，需要整改後重新驗，這是客戶的要求，也是工廠負責任的態度。可是驗廠歸驗廠，只要沒有大的原則性問題，繼續整改就是了，生意還是要做，邊做訂單邊整改也是可以的。

　　我曾經有一個供應商，給出的產品價格很好，品質也相當不錯，就是驗廠沒有通過。在我們公司的系統裡，一直有對這家公司的警報。所以，我會根據公司的規定，定期安排重新驗廠，這也是我作為買手的工作職責之一。

不過，工廠的態度很好，幾年裡重新驗了四五次，每次都整改了一些問題，但是終究還有不少問題有待改進，那就一年一次繼續安排重驗。至於生意，幾年下來做了無數個訂單了。這就是所謂的訂單照下，驗廠照驗。

看到這裡，或許又有業務員要說，我們驗廠也沒通過，因為我們碰到了紅線，有違章建築。那棟違章建築的消防驗收肯定拿不到，怎麼辦？有這類大問題，客戶是不是會因為有顧慮而不下單？

其實這也不是沒有變通的辦法。當驗廠發現違章建築無法提供消防驗收的時候，工廠要做的不是找關係、走門路，通過什麼「灰色管道」去搞一個消防驗收出來，或者辦個假證。那就違法了，得不償失。聰明的做法是立刻整改，把這棟違章建築貼上封條，宣布停止使用，這就繞開了違章建築的消防驗收問題。至於其他問題，還是按照逐步整改的法子，改歸改，生意照做。

很多東西不是做不到就只能放棄。你可以換個角度去思考以下幾個問題：是否可以規避？是否可以繞過爭議？是否可以找到讓大家顏面上都能接受的方案？是否可以讓報告上不體現這個大的瑕疵？

不要一句「不可能」就放棄自己。你不相信問題可以解決，不去想辦法、找出路，難道要把所有問題都往客戶身上推嗎？那又如何讓別人相信你的專業和服務呢？

客戶找你合作，是因為在前期覺得你還不錯，至少有許多打動他的地方，不管是價格、產品還是服務，哪怕只是你給他的第一印象不錯，終究會有一個過得去的理由說服他做出這個決定。否則憑什麼對方腦門一拍，

就在廣大供應商中選了你呢？沒有那麼多的巧合。哪怕業務員自己不承認，我都想說，一定是你的公司有吸引客戶的優點，才促成了這次合作。否則大家都那麼忙，誰有空跟你談這個談那個，一邊涼快去吧。

既然到了談判的中期階段，下單和驗廠環節，如果因為自己不夠專業、經驗不足、不懂變通，而失去了辛苦建立的大好局勢，不是太可惜了嗎？

除此之外，不懂換位思考、客戶提出的條件過於苛刻，往往也是業務員覺得談判乏力，不知道從何入手，覺得客戶難以溝通的重要原因。

三、換位思考與情緒控制

不少業務員朋友都喜歡抱怨客戶不近人情，很難溝通，動不動就玩失蹤，報價以後就沒消息，給了樣品就沒下文，郵件不回，電話不接……可或許買手們也在抱怨，怎麼這些業務員都那麼難溝通？為什麼除了催催催就沒有別的事情可做？找個好供應商怎麼就那麼難？

因為立場不同，大家抱怨的地方和在意的東西也完全不一樣。我不由地自問，這其中的問題究竟出在哪裡？

在我看來，更多的是由缺少換位思考導致的。因為雙方都從自身的角度考慮問題、給出建議，大多數情況下，都不會去設想這樣的建議是給了對方更多便利，還是僅僅便利了自己？如果業務員的每個建議都是設身處地替客戶著想，能讓對方滿意、舒服，我想不出還有什麼理由，會讓客戶一個個都失去聯繫。

「換位思考」這個詞說起來容易，但是根據筆者的個人經驗，對於大多數的外貿從業人員而言，做起來還是十分困難的。不是說完全辦不到，

只是做得很好的絕對是鳳毛麟角。我們還是透過兩個小案例，對比著來看這其中的差距究竟有多大。

比如價格談判。這在外貿場景中可能天天都會出現，不同的業務員處理問題的方法有哪些不同呢？**大部分業務員一被客戶討價還價就會逐漸失去耐心，很多話不經大腦脫口而出**，把本來可能有下文的訂單變成沒有了下文。更讓人覺得可悲的是，業務員往往還不知道原因究竟是什麼。以下這個場景，重複率極高。

案例 2-7

價格談判——脫口而出的業務員 （Price negotiation——common sales rep）

業務員：我們的價格最多只能做到 8 美元。這真的是最低價了，我不騙你，相信我。

客戶：太貴了！便宜點吧。

業務員：……我跟老闆申請過很多次了。由於是初次合作，我們很有誠意，願意再給你一個更好的價格，7.92 美元。這回真的沒法再低了。

客戶：如果你可以做到 5 美元，我可以馬上下單給你。

這個時候業務員已經出離憤怒，可能會出現兩種不同的回覆：

可能回覆一：5 美元是不可能的。如果你能買到，那你以這個價格賣給我，你有多少我買多少！

可能回覆二：你可以跟其他供應商詢價，看看別人能不能做到這個價格，我們歡迎比價。

這樣的場景是否覺得似曾相識？來來來，業務員們請對號入座，想想自己有沒有演過這樣的橋段。

言歸正傳。我想說的是，業務員的想法和情緒本身沒有問題，這是人之常情。而問題在於把自己的情緒發洩在客戶身上，讓對方知道了你的不滿，讓對方感到了你言語間的諷刺。這種表達方式才是最大的錯。

客戶哪怕攔腰砍價，或者無厘頭砍價，都是他作為買手的權利。漫天要價，就地還價沒什麼大不了的，我們本來就應該以平常心去對待。能做當然好，不能做也沒關係，買賣不成仁義在。若是因為自己輕易被激怒，從而難以控制情緒，言語和郵件中充滿不滿和諷刺，就沒有意義了。

談判本身就是為了磨合彼此的需求，找到共同的切入點。需求探討才是談判的本質與核心。

業務員可以這麼想，可以暗罵對方狡猾、過分、不可靠，但這些不可以形於色，更不可以讓對方感受到。如果用五個字簡單總結，就是「想得，說不得」。因為你那麼一說，可能很多客戶就會臉上掛不住，心裡不痛快，就不再跟你談了，你就會失去潛在客戶跟寶貴的合作機會。

或許看到這裡，有些業務員會想，「無所謂啊，我也沒什麼損失」，可賬不是這麼算的。你跟客戶的談判，你付出的所有時間和精力，從機會成本的角度來衡量，都是投入，都是錢。如果業務員可以稍微柔和一點、委婉一些，或許得到的就是完全不一樣的結果。

價格談判──換位思考的業務員（Price negotiation──good sales rep）

你作為消費者去水果店買水果，看到蘋果很新鮮，就會問問價格。老闆說：「十元一斤。」你可能覺得有點貴，心想：平時這裡的蘋果不都賣七八元錢嗎，今天怎麼那麼貴了？

這個時候，你或許就會問老闆，「今天價格怎麼那麼貴啊？我平時經常來你這裡買水果，給我便宜點吧。」

這個時候，水果店老闆可能會有兩種回覆：

假設回覆一：哎呀！兄弟！這幾天下雨，我進貨的價格本來就高，真的沒什麼利潤啦，生意難做啊。我也知道你經常來我這裡買水果，照顧我的生意。要不這樣吧，你秤幾個，我給你算一下，抹掉零頭吧。

假設回覆二：我的價格很好啊，要買蘋果就是這個價格。要麼你去別人家看看，誰比我便宜，你就去誰那裡買好了。

我相信大家透過自己平時的經驗都會發現，大多數水果店老闆都會採用第一種回覆。不是說他們個個都是談判高手，都能換位思考，而是他們透過平時跟不同消費者打交道，透過實際經驗摸索出了一套自己的說話方式。他們知道怎麼讓客戶開心，知道怎麼吸引回頭客，這是他們的生存之道。

我們再代入一下，假設你是去水果店買蘋果的那個客戶，如果老闆給你的是第二種回答，你會怎麼想？會買嗎？心裡會高興嗎？還是暗想：衝這傢伙的態度，我情願不吃蘋果。

既然這個問題可以輕易想明白，為什麼把同樣的場景設置到自己的外貿工作中去，就會糊塗呢？這雖然跟說話方式、溝通方式有關，可歸根到底，還是由換位思考的思維方式決定的。

"

毅冰說：

　　表面上看，很多事情做不到、做不好是說話不夠藝術，是自己的經驗不足。可實際上，這裡面的學問大了去了，不是一個簡單的「不會講話」「情商不高」就可以解釋得通的。

　　我認為，這就需要大家在平時工作中，不要用固有思維去考慮問題，不能被自己的主觀情緒左右，要多角度看待問題，要能想辦法、找出路，化不可能為可能，盡一切力量去達到目的，從而不讓思維陷入死角。

"

第七節 不可能完成的任務也會有轉機

外貿從業多年，大家有沒有碰到一些「不可能完成的任務」？
比如以下這些說辭，會不會是業務員經常掛在嘴邊的？

— 沒可能的，肯定搞不定……
— 不現實，根本做不到……
— 這是在浪費時間……
— 這是天方夜譚……
— 客戶這是在亂來……
— 這完全就是瞎指揮……
— 材料和人工費漲價我也沒辦法……
銀行不是我家開的，我又沒法左右匯率……
— 這種付款方式根本做不了……
— 老闆肯定不會同意……
又比如，像圖 2-4 所體現的那樣。

我隨便列舉了幾個例子，相信都是朋友們在工作中容易碰到的。卡在某些核心問題上，談不下去了，就變成了不可能完成的任務。

那既然是不可能完成的任務，為什麼還要拿出來說呢？是覺得大家做外貿還不夠辛苦、艱難，還要給大家的傷口上撒把鹽？

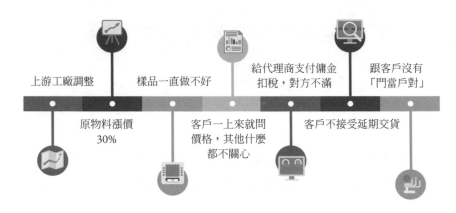

図 2-4　不可能完成的任務（ImpossibleIssues）〔毅冰製圖〕

當然不是。我想請大家留意的是，我給第一句的「不可能完成的任務」加了引號，顯然是想說明很多東西並非不可能、做不到。表面上不可能完成的任務，還是可以通過一些技巧和談判手腕，逐漸轉化爲可能的。

我們還是透過案例分析，來更加直觀地說明這些談判技巧和滲透在其中的思維方式。

案例
2-9

開模定制產品的艱苦談判（Hard negotiation for OEM project with tooling）

外貿朋友 A 有個西班牙客戶，已經合作一年多了，之前買過一款尺寸是 220mm 的面板燈。他把面板燈展示和銷售給終端客戶，客戶比較滿意，當地的銷售情況也不錯。

如今客戶打算再採購一款尺寸為 330mm 的面板燈。可問題是，A

的公司現成的 330mm 面板燈只有圓形的，可客戶堅持要採購方形的。

　　而且進一步表示，如果沒有 330mm 的方形面板燈，那他們就會連原先的 220mm 面板燈也停止採購，直接選擇別的供應商，而不是分開下單。

　　所以 A 面臨的問題就是，要專門生產方形面板燈。那需要開模具來製作，可目前 A 的公司其他客戶並沒有對方形 330 面板燈感興趣的，如果單獨為這個西班牙客戶開發，占據的時間精力不少，光開模費用就要 1 萬美元，還不算其他的研發成本。

　　A 把實際情況告訴客戶後，客戶卻爽快地表示，願意共同承擔開發費用，只不過這個費用需要在後續訂單中逐步返還。於是 A 跟老闆商量後，就向客戶提出方案：請客戶先承擔這 1 萬美元的前期開模成本，等後續訂單達到 1 萬個的時候，退還 5,000 美元；達到 2 萬個的時候，再退還剩餘的 5,000 美元。

　　可西班牙客戶的回覆卻是，這個費用太高了。而且 10 多美元一個的單價，預計他的客戶在短期內無法達到 1 萬個的銷售數量，未來的前景也不明朗，誰也不知道市場的變化如何，不打算再繼續合作下去了。

　　這個時候，對 A 而言，一方面是他合作了一年的客戶，信譽良好，合作愉快，訂單也還不錯；另一方面是自己的公司，有立場和規定，也有風險的控制。他不知道該怎麼做，不知道如何穩住客戶，如何說服公司去開模這個產品，去完成這個已經陷入僵局的不可能完成的任務。

這個朋友後來跟我聊了很久。我談了談我個人對於這個項目的想法，供他參考。

在我看來，這個西班牙客戶是相當不錯的，很有誠意，能主動提出分擔模具費用就說明他對這個項目有信心，也希望可以繼續下去。可是 A 的老闆，回應就沒有那麼熱烈了。他很生硬地開出了一個「開發要 1 萬美元模具費，你先付錢，下單到一定數量後再退款給你」的條件。

在這個談判的過程中，A 僅僅是一個傳聲筒，而不是一個出色的業務員。因為 A 只是從中傳話，而沒有自己的想法，沒有方案可以供彼此探討和研究。

我強調過很多次，**針對這類問題，業務員要做方案，讓客戶做選擇題，然後根據客戶偏向的選項，再根據實際情況、談判進展來不斷調整，從而逐步達成共識。**

我先從思路入手，分析一下 A 的老闆的思維方式。不客氣地說，在我看來，這本身就是很可笑的。比如開發 330mm 方形面板燈，如果真的如他老闆所說，的確需要 1 萬美元，那好，既然要客戶承擔全部的開模費用，那是否意味著，這套模具的所有權屬于這個西班牙客戶？是不是 A 的公司可以保證，不會把這個開發的面板燈賣給其他任何客戶？

因為按照規定，如果他出錢來做模具，哪怕後續 A 的公司退回費用，也是因為數量達到一定要求，羊毛出在羊身上。這種情況下，模具是屬於客戶的，不屬於 A 的公司，他們沒有權利給其他任何客戶看這個產品，也不能推廣，更不能賣。有關這個產品的任何商業行為，都需要得到這個西班牙客戶的正式授權才行，這才是符合規定的。

這樣一來，就不是共同開發一款產品，而變成了西班牙客戶出錢開發新產品，A 的公司只是作為代工廠，替客戶生產而已，並沒有自主權。一旦產品開發成功，也不可以在公司現有產品線上增加這一個新款。

按照 A 的老闆的思路，方案也可以這麼給，但是在操作上還需要完善一下。比如還需要提供一份協定，來保證這個產品是 exclusive（獨家）的，只給他一家供貨，不賣給其他客戶。否則，A 的公司就要根據協定的要求，承擔巨額的賠償。這才是國際慣例。

但是談判是否真的需要這樣一刀切呢？在我看來，根本沒必要。我說過，要做方案，要給建議，要讓客戶做選擇題而不是判斷題，這才是優秀業務員的標準作業流程。比如說，在這種情況下，A 完全可以給客戶做幾套方案出來，然後根據客戶的偏好，再具體調整細節，把這個項目落到實處。

假設我是 A，我可能會制訂以下幾套方案，來作為前期談判的基礎。

■ Option 1：

西班牙客戶承擔 1 萬美元的模具投入，但是我方會在未來的訂單裡給予 refund（返利），可以分批退款。另外補充強調，如果客戶承擔了這 1 萬美元的模具費，我們就承諾這個產品給他獨家供貨，不會讓我們的其他客戶看到，也不會讓其在我們的網站和樣本上出現。如果我方現有的客戶偶然發現並對這個產品有興趣，我們會徵求西班牙客人授權，然後共享利潤。

■ Option 2：

雙方共同承擔 1 萬美元的模具費用，可以是一人一半。但是未來訂單到一定數量，還是會退款給客戶。這樣可以在前期減少客戶的資金壓力和投入成本，也讓客戶從心理上覺得，這是雙方共同投入的，會更加可靠，更加有希望。

■ Option 3：

由我方全額承擔模具費的投入，不需要客戶承擔。但是有要求，客戶必須一次性下單超過 5,000 個，允許分批出貨，可以給客戶免費倉儲。未來一旦客戶那邊銷售情況不錯，需要補貨，我們隨時可以發貨。

■ Option 4：

依然是我方全額承擔模具費的投入，但不需要客戶一次性下多大的訂單。設計上要稍作改動，需要客戶在歐洲給我方註冊外觀專利，然後雙方共同享有專利，深度合作。作爲回報，我方也會針對這個產品在國內請第三方機構做測試，比如根據面板燈歐盟的 EN 60598 指令做測試，把客戶公司作爲「共同列名」，透過雙方共同享有這款新面板燈的測試報告，來換取深度合作。

除此之外，還可以想出更多更靈活的方案。**目的只有一個，就是將雙方綁在一條船上，這樣可以深度合作、共同進退，可以共同去開發客戶、共同去打開市場，可以一起賺錢。**若是你的思維還停留在最基礎、最原始的「買貨和賣貨」階段，也就是「你要什麼，我賣你什麼」「你要的如果我沒有，我給你定做，但要你出錢」，就會落後於這個時代。在激烈的競爭下，你會輸的體無完膚，一敗塗地。若是不轉變，如何去擁抱變化，去跟高手過招？

所以我想透過這個案例告誡大家，**要摒棄過去的思維方式，把固有思維轉變爲想方法、找出路。那就要動腦筋去「給方案」「做方案」「跟客戶探討」，從而找到突破口，找到客戶的痛點。**這其中的關鍵，有經驗的成分，但更重要的，還是思維方式的不同。如果你可以站在不一樣的層次去

思考問題和看待問題，設想多種可能性和各種預案，那跟客戶的談判自然也會如魚得水，格局會變得完全不一樣。

再來談談「延期交貨」，這也是令許多業務員無比頭疼的麻煩事，現實中經常會碰到。

本來做得好好的，工廠突然出問題了。某個環節卡住了，不良品率太高了，模具壞了需要修，老闆的三叔的兒子的女朋友的三大爺的弟弟的訂單需要提前安排，大客戶的訂單要先做⋯⋯

任何一種可能都會造成訂單的延期，更別說幾種一起來了。還有更奇葩的，就是老闆為了接訂單，不管客戶要求什麼，都說「好好好，行行行」，訂單下來後，做不出來，再讓業務員去跟客戶說，要延期交貨。

所以往往業務員最頭疼的，就是如何跟客戶交代這個事情，如何商量這個問題。因為一個不好，可能引起客戶大怒，甚至以取消訂單相威脅，那就把事情複雜化了。更何況，業務員付出如此巨大的心血，勞心勞力，好不容易合作起來的客戶，誰都不想以後沒有下文，誰都不想讓前期的努力白費。

可如何跟客戶交代，這也是很考驗談判能力和思維方式的。如果業務員很直白地說，「我們老闆先做其他客戶的訂單了，所以不好意思，你的訂單要延期半個月出貨。」你覺得客戶會怎麼想？會不會覺得，你們既然不重視我的訂單，那以後就別合作了。

如果撒謊、找藉口拖延，那遲早會穿幫。想起一件我親身經歷的事情，其實跟第一章說過的案例異曲同工，真的有人這麼幹。

編不下去的故事（A ridiculous story）

　　我曾經把一批戶外傢俱訂單下給浙江台州的一家工廠。畢竟是第三次返單，前兩次合作也算順利，我這邊也就沒有安排協第三方驗貨。本來約定不能延期，供應商也拍胸脯保證沒問題。

　　可臨出貨前，業務員突然跟我說，「不好意思，毅冰，最近我們這邊限電，所以要延期一個禮拜出貨」。我說，「行，沒問題，我同意。」

　　一個禮拜後，業務員又說，「最近天氣不好，我們這裡下雨，所以油漆沒有乾透，我們還需要幾天，大概還要一個禮拜才可以出貨。」我繼續接受。

　　又過了一個禮拜，業務員的郵件又來了，「實在對不起，最近工人緊缺，我們來不及打包和裝箱，所以還需要再推一個船期。」這時我心裡已經有疑問了，郵件回覆，要求下一個船期必須準時出貨。

　　可又一週後，一個新的理由浮出水面，「我們裝了一部分，發現外箱不夠了，所以需要臨時採購一批，抱歉，又要耽擱一下，下個船期一定出貨。」好，我忍，反正都延了一個月了，也不差這一個禮拜，只要別再出「么蛾子」（意為耍花招）就行。於是我回覆了一個措辭嚴厲的郵件，又打電話重申，無論如何不再接受延期，如果還是沒法交貨，我這邊會採取措施，會提起索賠。

　　再過一週，我主動郵件催促，問他們是否已經安排貨櫃，業務員回覆稱工廠遭遇火災，損失嚴重，所以短期內估計是沒法出貨了，會給我安排重做一批貨，儘快發。

　　我大吃一驚，火災那麼嚴重，需要慰問一下，於是我派了我們上海

分公司的同事去工廠看看，了解一下最新的情況。可結果是，根本就沒有火災這回事，工廠好好的，什麼事都沒有。

　　因為業務員一次次找藉口拖延出貨，到後來編無可編，只能找一個火災的藉口，算是一了百了。

　　大家看到這裡可能會覺得奇怪，為什麼業務員一開始不把實際情況告知客戶？詳細計算大致的交貨時間後，一次性跟我談延期的問題不是更好？

　　我最初也是這樣想的，覺得一次次地找理由反而破壞了原有的合作關係，得不償失。後來私底下跟業務員溝通，他跟我大吐苦水，我才知道事情的內幕。

　　原來，他們的訂單本身就排得很緊，旺季的時候，幾乎每個客戶的訂單都有長短不一的延期。工廠全力趕工，我的訂單最快也要排到三個月後，根本不可能一個月交貨。可他們老闆想拿下訂單，於是就慫恿業務員先答應我的交貨期要求，拿下訂單，然後再想辦法延期交貨。

　　可沒想到的是，到了交貨時間，他們的原物料才剛剛到位，還沒有安排生產。這時候，他們老闆跟業務員說：「我重新安排生產線，把毅冰的單子先做出來，這樣十天就可以完工。你就跟客戶說一個禮拜交貨，讓客戶這邊先穩一穩。」業務員就按照老闆的授意找了藉口。

　　可這段時間的生產情況並非如他們所願。別的客戶安排了第三方驗貨，所以只能先做那批訂單，我這邊就只能擱置一下了。然後，又有客戶因為產品品質問題來索賠，也不能拖延，只好先處理。又一週後，事情終於都處理好了，可以把其他訂單先停一下，開動生產線做我的產品了，結

果又出現了意外。產品焊接的地方沒有做好，毛刺很多，要重新打磨和返工……

就這樣一週一週延下去，不是這個問題，就是那個問題，業務員一次次相信老闆能搞定，一次次用藉口搪塞我，到最後再也找不到任何藉口的時候，就只能出火災這個大招了，實在是編無可編，編不下去了。真是可氣又可悲。

那我們的問題來了，在確認要延期的情況下，應該如何跟客戶談判呢？

案例 2-11

壞事也可以變成好事（Bad thing might be good thing）

我的建議是，這種情況下分兩步走。

一方面，業務員必須完全了解己方的真實情況。為什麼會延期？大致什麼原因？需要多久可以完成？大約什麼時候可以出貨？這些內部的問題先解決掉，再預留一點安全時間，給客戶一個回覆。

另一方面，跟客戶商量延期的事情，也要找對方法。一味報喜不報憂是不行的，對方也不會信，而一次次地編故事更加不行。那就要動腦筋，找一個可以反轉的機會，把壞事變成好事，或者起碼讓事情變得沒有那麼壞。

我們可以設想一下，可能大部分客戶都在乎價格，都在意交貨期，都期望溝通順利……但是有一個東西，我認為是所有客戶都會不得不介意的，那就是產品的品質。

大家仔細想一想，你作為消費者去買東西的時候，是不是會很介意

產品的品質？比如去買手機，你可以說，我有錢，我不在乎價格；可以說，我有時間，現在缺貨無所謂，有貨了再給我發；可以說，營業員服務態度不好，我不太高興，但是看在產品很好的份兒上，我忍了……但是你會不會說，品質爛沒關係，一天就壞也沒事，我就喜歡買爛貨。會嗎？

　　不會。每個人對於品質的要求都不同，但有一點是相通的，就是無法接受品質很次、遠低於自己預期的產品。否則就會退貨、索賠，這是人之常情。

　　回到案例本身。在這樣的情況下，一個合理的藉口或許就應該圍繞品質去下功夫。這也是很考驗業務員談判水準的。因為業務員不可以直接跟客戶說，我們這批貨品質不行，我們給你重做。這樣一來，客戶對你們公司的印象就會變糟，覺得你們不可靠，會把糟糕的問題變得更加棘手。

　　而我的想法是，直接寫郵件告訴客戶。大致思路是：我們很抱歉地通知您，這批戶外傢俱的船期不得不後推 2~3 週。原因是，我們在內部質檢的時候發現，這批傢俱的表面處理還不夠好。雖然不影響外觀和使用，但我們相信，您是對品質有極高要求的客戶，我們也是如此。我們希望提供給您的都是最好的產品。所以不好意思，請給我們多一些時間，我們會把產品做得更好。

　　如果用英文來表述，我會這樣寫：

Dear Craig,

Sorry to inform you that we have to postpone the shipment 2~3 weeks later.

According to our internal inspection, we found the surface treating was not perfect. So I asked my team to arrange the re-work immediately, to make everything better.

I take it for granted that quality is the top priority for both of us for running orders. And I really want you to be proud of our items with outstanding performance. So please help to give us more time.

Thanks & best regards,

Ice

　　從思路上看，這就是我宣導的三段式郵件的簡單寫法。

　　開頭先跟客戶簡單說明情況，訂單要延期，我們很抱歉。一句話表達清楚。第二段是對為什麼要延期做簡要補充。之所以強調表面處理，是因為這對於品質的影響屬於輕微的，不是功能性的品質問題，不至於讓客戶對己方失去信心。第三段，在吹捧對方的同時，不著痕跡地拔高了一下自己的形象。然後請客戶多給一些時間，也是一種尊敬對方的客套，給對方下臺階用。

　　這樣一來，是不是就把一個麻煩的問題變得簡單了？甚至讓客戶對你有那麼一點欣賞，覺得你夠負責、有擔當呢？

　　所以很多問題，我們不能簡單地視為不可能，直白地認為做不到。因為做外貿，歸根到底是跟人打交道，那就要動腦筋，想辦法，找出路。遇到棘手問題的時候，多思考一下有沒有變通的辦法。一件不好的事，一個危機，是否存在著可供你翻盤的機遇？

這需要有豐富的經驗、冷靜的頭腦，需要如庖丁解牛般從容地應對。

大買家和專業客戶思維揭祕

如何與大買家打交道？

規模上完全不是一個量級怎麼辦？

我們是小公司，怎麼讓大客戶注意？

沒有現代化的工廠，如何接專業客戶的訂單？

附加價值究竟該如何打造？

……

這一章我們要討論的，就是以上這幾個問題。希望大家帶著疑問，邊思考邊往下看，從中

尋找答案。

第一節 高門檻的誘惑

———

先說一句大家都已經聽濫了的話，也是拿破崙的名言：不想當將軍的士兵，不是好士兵。

我們對應到工作中，同樣可以理解為，不想跟大買家合作的外貿人，不是好外貿人。這本來就是一件很正常的事，沒什麼可避諱和不好意思的。

老闆開公司自然有自己的追求和夢想：希望把公司做大做強，希望賺很多錢，希望成為成功的企業家，希望成為行業巨頭的合作者⋯⋯

員工給老闆打工，同樣會有自己的理想和規劃：希望往上走，希望有更多的機會，希望有更好的平台和支持，希望跟大買家合作增加自己的經驗和開闊眼界⋯⋯

所以，「渴望高攀」在外貿行業裡是一件再正常不過的事。更何況，電子商務的出現、展會的存在，大大降低了人與人之間的溝通成本。很多年前，或許一個美國大客戶跟你的產品很對口，但找不到合適的供應商，而你也很難得到這方面的採購資訊；或許一個大買家有一個大的採購項目，而你的價格完全沒問題，但你如果沒有人脈，就不知道去哪裡拜山頭；或許你偶然得到了一個大公司高階主管的聯繫地址，想去做一下推廣，但要聯繫對方就要飛往國外⋯⋯

如今時代不同了，資訊不對等的情況雖然一直存在，但壁壘並沒有過去那麼堅固。過去查不到的事情，今天可能可以通過搜尋引擎查到，透過

電話聯繫對方公司，透過郵件向對口的人推薦和介紹……這一切，都源於時代的變化。

高門檻雖然存在，可有機會、夠得著，有野心、有能力的人，終究還是會去努力爭取。這不僅是爲了公司的發展，也是爲了個人的利益。

即使聯繫了不少大客戶但都沒有合作起來，你也沒必要沮喪。你起碼能夠從中學到不少東西，知道問題在哪裡、不足之處是什麼，知道要往哪些方面下功夫。這些寶貴的經驗都是在一次次地碰釘子的過程中得到的。

一、外貿行業沒有壁壘森嚴的「門當戶對」原則

門當戶對這個詞，最早可能出自宋代張端義的《貴耳集》：「個樣村僧，豈是尋常種草？要得門當戶對，還他景勝人奇。」後來，從元代到明清，在小說話本中，「門當戶對」這個詞就被用開了。《西廂記》作者王實甫、《二刻拍案驚奇》作者凌濛初、《紅樓夢》作者曹雪芹等大家，都在作品中用這個詞來說明男女雙方的社會地位和經濟狀況接近才可以結親。

當然這個詞如今早已不侷限於當初的含義。它在生意場上表示合作雙方需要有差不多的實力，也就是地位上對等。比如國航跟國泰航空的相互持股，就屬於強強聯合，也算是「門當戶對」。

在很多情況下，公司的確會遵循門當戶對原則，來選擇合適的合作夥伴。可在外貿行業，存在一種意外。國內的大工廠可能會向國外的小公司供貨，國內的小公司可能會給國外的大買家貼牌生產。那麼這些情況存在的根源是什麼？能否給廣大外貿中小企業帶來福音呢？

其實要想明白也不難。比如國內的某個大公司，想打開某個新興市

場，或許就會在價格、付款方式、起訂量等方面給出不小的優惠，從而找到進入這個市場的管道。客戶的訂單小、客戶實力弱也沒關係，先合作起來，等產品被目標市場的消費者接受，自然會有很多機會找上門來。

又比如某個小公司，在收到客戶的詢價後認眞回覆，價格、效率、專業、服務意識都相當好，讓大公司的買手十分滿意，從而把訂單確認下去。

這些，是幾乎每天都會上演的眞實劇本。

我們再來分析一個案例。

案例 3-1

門不當戶不對，生意照舊（Continue business in a different walk of life）

我有個朋友 Kelvin，外號是 heavy customer killer（大買家殺手），自己開了一個只有 3 個員工的小外貿公司，做的產品是園林水管。沒錯，這 3 個人中，除了他，一個是他老婆，負責財務；另一個是他小舅子，負責開車和打雜。

那眞正做業務、做採購、做跟單、做單證的，就他一個人。這樣的小公司（我們姑且客氣點，不稱它為「皮包公司」）跟 ALDI、LiDL、Metro 這三家德國連鎖超市，應該是完全門不當戶不對吧？理論上講，根本不存在合作的可能性。可奇怪的是，他偏偏同時給這三個大買家供貨，生意做得風生水起。這又是為什麼呢？

其實很簡單，就是由一個點來帶動一個面的事情。我有一次跟 Kelvin 一起吃飯，他跟我講，跟 ALDI 的第一張訂單，是由一個潛在客

戶介紹的。當時 Kelvin 剛從老公司辭職，準備出來創業。這時候，一個過去報價過很多次，但從未成交過的中國香港客戶給他打電話，說有一個小單子，300 套園林水管，問他願不願意做。產品是出口澳大利亞的，但價格要根據過去報價的 20 尺櫃的價格來做。

　　Kelvin 一聽，心裡有點發慌。20 尺櫃是大貨，300 套是小單，如果按照大貨的價格來做，這一單虧到哪裡去都不知道了。更何況，在跟這位客戶往來郵件的過程中，他又發現了更多的問題。比如客戶還需要整整 10 套產前樣，香港貿易商也需要 5 套，而且對方不承擔快遞費。此外，付款方式還是 OA（賒銷）30 天。

　　如果從經濟利益的角度一算，總共才 300 套的小試單，不漲價就一定虧本，而且還不知道能否說服工廠來接這一單，做包裝、訂紙箱、做嘜頭都需要成本。愈是小單，分攤下去的各種費用和製版費就愈驚人，加起來可能會高於產品本身。更何況，還有一些雜費、報關費、驗貨費等。現在客戶還需要整整 15 套樣品，達到了訂單的 5%。再加上快遞到中國香港和澳大利亞的費用，實在虧大了。

　　Kelvin 第一反應是絕對不能接。於是就跟客戶訴苦，分析成本和費用，要求漲價 35%，哪怕讓他少虧一點，先合作起來。可客戶斷然拒絕了他，但在電話裡特意跟 Kelvin 解釋，這個客戶是澳大利亞的大買家，目前只是想給老供應商一些壓力，才考慮轉出部分訂單。所以試單只是第一步，如果能完美做好，後續會有不錯的機會。

　　Kelvin 糾結了很久，前算後算，工廠那邊也談了很多輪，大致算出了如果接下這個小單，自己會虧損 7,000 元人民幣。於是心一橫，想著反正剛出來創業，沒有訂單就沒有客戶，這個單子就當是第一筆投入

了。哪怕以後沒能繼續跟這個澳大利亞客戶合作，起碼在中國香港客戶這他能混個臉熟，把潛在客戶變成實際合作的客戶，多個朋友也是好事。

後來，雖然有不少波折，可還是合作起來了。這個澳大利亞客戶，就是德國 ALDI 在澳大利亞的超市，的確在當地屬於大買家。而 Kelvin 更聰明的一點是，借助自己成為澳大利亞 ALDI 供應商這件事，透過其他的進口商去開發德國 ALDI 這個客戶。後來德國人發現，這個供應商在給他們的澳大利亞公司供貨，於是也逐漸透過進口商給他下單。

Kelvin 嘗到了甜頭，後來幾年就開始橫向推廣。又以德國 ALDI 供應商的名義，帶著詳細的資料和樣品，在科隆展會上接觸 LiDL 和 Metro，也逐漸透過試單進入了它們的供應鏈。

這個案例說明了一個什麼問題？門不當戶不對的兩家公司，依然可以做生意，可以合作。**出於比較優勢的經濟學原理，客戶在選擇供應商的時候，一定是選擇性價比最好，也最適合自己的，而不見得是這個行業裡最強的或者價格最低的。**

就像上面的案例，Kelvin 的成功就有很大的偶然性。如果中國香港貿易商沒有找他，而找了別人呢？如果其他同行去搶這個機會呢？如果澳大利亞 ALDI 做了一個小單後就再無下文了呢？如果合作了這個客戶但是找不到管道開發其他的呢？

我想說，如果一切都可以完美掌控、從容處理的話，那商場上就不會硝煙彌漫了。小公司能入大買家的法眼，不見得是因為他不介意你的公司小，而可能是因為你其他的優點讓他欣賞，它願意給你機會去證明你是合

適的供應商。

在外貿行業，門當戶對的壁壘沒有那麼森嚴，完全可以被打破。這就好比兩個人戀愛、結婚，有門當戶對的，但也有高攀和屈就的。但是高攀如何？屈就又如何？就一定不合適嗎？也不是絕對的。每個人有自己的人生，有自己的選擇，別人可以羨慕、嫉妒，但是沒有辦法進入他人的生活。外貿行業同樣如此。每個買手對於供應商的考量和選擇都不同。有些人想找大工廠合作，看著高大上的廠房和現代化設備心裡踏實；有些人想找小工廠合作，希望將更多利潤留在自己手裡，希望在合作中掌握更多主動權。

所以我們根本無需猜測客戶的情況，也不要因為對方是大買家就打退堂鼓，覺得自己不行，覺得肯定做不到，對方一定看不上自己。沒試過怎麼知道不行？我們只需要去證明自己有誠意合作，有信心成為對方的供應商，願意全力以赴地去支持跟配合就足夠了。

那如何去證明？如何去展示優勢？這又是一個很大的課題，我會在後面的章節裡逐步滲透這方面的內容，讓大家明白，怎樣才是極致的專業，怎樣才能在競爭中脫穎而出。

二、備胎是如何養成的

> 問：為什麼車裡要放一個備胎？
> 答：萬一路上爆胎，這不是有備無患嗎？

備胎，在我看來，核心是「備」，準備、預備，在生意場上，就是

Plan B，就是風險對沖。一個專業的買手，在主流供應商以外，會有多個備選供應商。這不是說現有的供應商不好，而是做生意就應該有風險意識，時時刻刻都不能把自己逼到死角，一旦出現意外，或者危機情況，要有迴旋的餘地和應對的方案。

這就是沒有後備計畫所帶來的問題。我們可以設想一下，如果平時這個項目有 3 個甚至 5 個備選供應商，那會是什麼樣的情景？品質問題發現

後，重做必然要延期，因為根本沒法趕出來。可如果把訂單分流到幾個供應商那裡呢？原來是一個供應商獨自承擔 300 萬美元的訂單，現在改成每個供應商分擔 50 萬 ~60 萬美元的訂單，是不是就容易許多，供應鏈也安全許多，就可以應急處理？

所以專業的大買家絕對不會把公司的利益和自身的前途放在一個籃子裡。換言之，**哪怕供應商再好，再完美，從不出問題，也絕對不能占據這一類產品訂單量的 50% 以上。這是出於平衡供應鏈方面的考慮，也是為了避免供應商一家獨大。**

說直接一些，如果一個供應商占據了客戶 70% 的訂單，那這個供應商就有跟客戶叫板的本錢，形勢就會出現一邊倒的逆轉，供應商就能有更大的自主權，可以在談判中掌握更多話語權，甚至定價權。這自然是所有的大買家都不願看到的。

這就好比 iPhone 這類產品，蘋果公司有如此強大的研發能力，為什麼不把訂單都交給製造業最強的富士康做呢？為什麼蘋果還會把訂單分散給幾個供應商呢？這就是供應鏈的平衡，不讓一家獨大，也是考慮到訂單的安全。如果核心供應商出問題，幾個備選的供應商可以立馬頂上，不至於讓生產停滯。

所以大家千萬不要認為，做備胎沒前途，認為客戶只詢價不下單沒機會，客戶只給點小單子做做沒意思。要知道，大家的時間都很寶貴，都想把有限的時間花在該花的地方。如果你沒有價值，不入客戶法眼，他可能跟你談一次、談兩次，絕對不會時不時就來找你詢價，這不現實。

如下圖，要有做備胎的準備。調整好心態，一次次爭取機會，讓客戶對你感到虧欠，讓客戶對你有足夠的信心，自然就會有轉機出現。

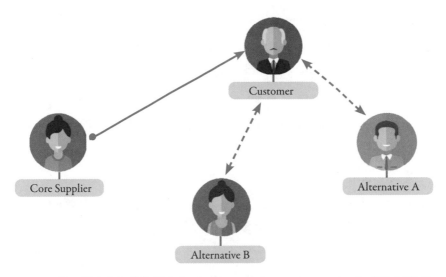

図3-1　核心供應商與備選供應商（Core Supplier & Alternatives）〔毅冰製圖〕

　　當這個實線部分的核心供應商出了問題、產能有限、價格上漲，或者因為其他什麼原因，客戶需要分流部分訂單、應急處理一些訂單的時候，備選供應商將會是優先考慮的合作對象。前提是，你已經早早做好準備，被當成備胎很久了。那將會是一個由虛轉實的過程。

三、大買家究竟如何篩選供應商

　　對於供應商的篩選和考量，大買家或許跟一般的中小客戶不同。大買家考慮得更多，需要平衡的要素也更多。總體而言，其各方面的要求都會更高，對於供應商會更加挑剔。

　　就像一位美女，年輕漂亮，身材高挑，工作不錯，家境優越，還是單身，那她的追求者和仰慕者必然眾多，這很自然。因為條件好，所以選擇

的餘地和空間就比一般人要大。

外貿行業同樣如此。大買家的誘惑力，對於供應商而言，往往不亞於美女。和大買家合作，除了為面子，還為裡子。

面子很好理解。這就是一種無形的廣告，能夠提升公司的形象和檔次，也間接證明了自身的實力和能耐。特別是在開發其他中小客戶的時候，會十分有底氣，也會讓別人高看一眼。人家會覺得這公司居然是誰誰誰的供應商，那自然可靠。

裡子，那就是實實在在的利益，實實在在的錢。大買家的主流供應商，甚至二線供應商，都不是大多數中小客戶可以比擬的。可能一個小客戶，你辛辛苦苦跟進幾個月，拿到兩萬美元的訂單，還算可以。大買家就不同了，可能跟進和開發都很難，成功機率沒那麼高，要付出更多的努力和更大的心血，可一旦拿下，一個訂單就是百萬級別，與小客戶完全不是一個量級的。更何況，大買家帶來的廣告效應，往往也會推動其他猶豫期客戶下單，這同樣是不可估量的收益。

相信大家都知道，數量不代表品質，客戶跟客戶之間，差別同樣巨大。就好比開水果店，到底是每天來來往往的散客重要呢，還是每月固定來買數百箱水果的大公司重要？答案是很明顯的。誰都希望穩住核心客戶跟核心利益，同時兼顧其他的零散機會。

那麼，大買家究竟如何篩選供應商？標準是什麼？這是大家最為關心的。我根據自己在 500 強企業的多年買手經驗，簡單總結了一下，大買家選擇供應商的幾個要素。

■ 要素一：Safety（安全）

安全是第一位的。如果不安全，風險係數特別高，哪怕預期利潤可觀，大買家也會選擇求穩，以降低收益預期來換取項目的安全平穩。

比如某個新供應商，各方面都不錯，產品完全可以達到現有標準，甚至猶有過之，價格還能降低 15%，那大買家會不會立刻轉單給這個新供應商呢？

　　我可以很直接地回答：不會！哪怕大買家有這個意向，但從風險評估的角度看，如果無法判斷立刻轉單所帶來的風險，它一定會先邁出一小步去嘗試。大買家可能會透過試單開始合作，以此來測試這個供應商的配合情況和產品品質。這可能需要很長一段時間，要一次又一次地反覆確認，直到確定這個供應商眞的可以替代原有供應商的時候，大買家才會逐漸將其納入主流供應商行列。

　　如果這個供應商進入了大買家的主流供應鏈，它的老供應商是否就會被替代呢？答案同樣是否定的。這就是前面提到的平衡策略。有主流供應商，就會有備選供應商，這是相輔相成的，是爲了安全考慮。誰更好，誰的訂單就多一些，但是並不表示差一些的那個會被直接取消。

　　再說付款方式。大買家對於這方面的要求也近乎苛刻。業務員平時開發中小客戶，可能要求支付 30% 定金，餘款見提單影本付清，幾乎沒有太大壓力。哪怕很多客戶無法接受，那退一步改成即期信用狀，往往也可以化解問題。可是在大買家這裡，這兩招就行不通了。人家一開口，可能就是 60 天、90 天賬期，很少會接受即期付款，定金就更加不可能。

　　這又是爲什麼？是這些大公司缺錢嗎？當然不是。這一方面可能是由供求關係決定的，太多人擠破頭想要做大客戶的訂單，自然會在付款方式上作出讓步。競爭對手一多，客戶挑選的餘地自然就大。**另一方面還是安全問題，沒有定金、遠期付款，往往對供應商也是一種無形的威懾，可以迫使供應商履行合同。偷工減料、隨意撒謊、拖延交貨期這些招數就難以奏效了。因爲主動權掌握在大買家手裡，供應商的違約成本很高，而對方的安全係數同樣不低。**

■ 要素二：Benefit（利益）

利益就不用說了，是一切合作的大前提。只要是企業，不是慈善和公益組織，誰都在乎利益，誰都希望賺取更多利潤。作為買手，自然希望壓縮採購成本。採購價格愈低，大買家的利潤就愈高，各種操作空間就愈大，各方面的投入和預算就會增加，這是個很現實的問題。

換位思考一下，我們自己買東西是否也會考慮價格？我相信一定會。哪怕是土豪，不差錢，也一定會介意價格。如果公司樓下左轉 500 米的一家便利店，買瓶可樂是 3 元；右轉 500 公尺的一家便利店，買瓶可樂是 6 元，試問土豪先生會如何選擇？

顯然，如果沒有別的原因，當然是去 3 元的那家買了。明明 3 元可以買到，自己要掏 6 元，那不是冤大頭嗎？當然這裡面也需要考慮別的因素。如果 6 元的店在 500 公尺內，3 元的店在 1,500 公尺外，那或許考慮到遠近的問題，有人懶得多走路，也對於多掏幾塊錢無所謂，就會選擇 6 元的那家購買。又或許 6 元的那家店，有個超級漂亮的營業員，土豪先生不多花幾塊錢去看幾眼就心癢癢，當然我們也是理解的。

題外話不多扯了。這裡要表達的觀點是，土豪先生缺錢嗎？難道買不起 6 元的可樂嗎？顯然不是的。有沒有非讓他多掏錢的理由？少走路，算是一個；有美女營業員，也算一個。

這就說明了一個問題，你要對方損失自己的利益，總得有個理由能讓對方接受才行。**如果你沒有理由、沒有優勢、沒有特點、沒有附加價值，你憑什麼在同等條件下，讓客戶損失利益，放棄別人的低價，接受你的高價。**所以大買家的選擇，往往會更加現實，因為這關係到公司的利益，關係到買手的自身前途。一旦讓不合適的供應商進入公司的採購體系，可能就會帶來一連串的負面效應，影響就會很大。

中小客戶可能偶爾會被感性的東西影響，覺得這個業務員幫了自己很多忙，做了很多事，一直都沒有訂單合作，不太好意思。偶爾有機會，哪怕對方價格略高，在自己收益還不錯的情況下，也會給個訂單過去還個人情。大買家這邊不會這樣做。因為這涉及的是公司的戰略規劃、整體的全球採購策略，會被情感所影響的空間非常小。

其他因素當然重要，但是利益，是大買家從來都不可能去降低預期的一個因素。

要素三：Happiness（高興）

這一點其實無須解釋，從生活中就可以體會到很多類似的道理。就好比你去商場買衣服，如果一個專櫃營業員對你愛理不理，說話帶刺，脾氣火爆，明裡暗裡鄙視你、諷刺你、挖苦你，你還會厚著臉皮，很開心地向他買東西嗎？

我相信一般人是不會的，當然專門找虐的除外。這個例子可能稍微有些極端，但也能說明問題，就是你的情緒往往能左右你的消費偏好。你對一個供應商不滿，在有選擇的前提下，你或許就會作出別的選擇，這是很平常的事情。

但很多時候，往往這種情況是透過比較產生的。如果你的產品服務一般，但是你的同行更糟，買手或許會選擇跟你合作。但如果你的產品服務一般，你同行的很好，可能就沒你什麼事了。

這裡我還要說一個比較殘酷的現實。就是你接到訂單，拿下客戶，或許不是因為你有多能幹，而是因為買手在詢價的時候，你的同行比你更差，更讓買手高興。結果經過比較，買手就選了你。

所以 Happiness 是一個十分重要的因素，沒有人願意花錢買氣受。如果你脾氣不好，你說話容易得罪人，你特別惹人厭，那請你在跟買手打交

道的時候，心裡多念幾遍「客戶是上帝」，然後身體力行吧。

四、測試報告門檻太高怎麼辦？

測試報告的問題，往往是大部分業務員跟大買家打交道時，所碰到的又一個頭疼的問題。

很多朋友會碰到這樣一種情況：公司的產品還行，價格也過得去，現有的客戶也從來沒有嚴重地投訴過，可一旦接觸大買家，就會因為缺乏一些測試報告讓很多機會溜走，這也讓業務員們很無奈。

可是跟老闆提這個問題呢，老闆也有自己的現實難處。隨便舉個例子。某公司做的是某個電器產品，德國大買家需要 GS 認證。這個認證的費用不低，每年的年費還需要好幾萬元，這對於一些小公司來說，並不是可有可無的小錢，是實打實的成本。如果公司暫時沒有任何一個德國客戶，也沒有其他客戶要求 GS 認證，那老闆自然是不會盲目地投入，而會把有限的預算用在該用的地方。

可對於業務員而言，好不容易跟德國大客戶搭上線，一切進行得都挺順利，貌似希望就在眼前，可到了臨門一腳的時候，發現門被關上了，鑰匙沒在手裡，是不是又痛苦又糾結？

在這樣的情況下，難道只有「放棄」這一條路可以走嗎？難道只有財大氣粗的大公司有錢可以砸，可以把各國的測試和認證都做全了，然後跟大買家合作？其實並不見得。雖然說，我並沒有一勞永逸的方法去完全解決這類問題，可根據多年來的經驗，這裡面還是可以用一些小技巧，來換取周旋的空間和機會。

專業打底，絕處逢生（Rescued from desperation）

首先，我們要弄明白一個事實，為什麼大買家會需要這些認證和測試報告？我認為，原因大致可以總結成三點：

第一、要確保產品的品質，安全第一。

第二、讓自己省心，把達不到要求的供應商剔除在外。

第三、當地的法律規定和行業共識。

第一點很好理解，如果一個客戶從來沒跟你合作過，就憑來來往往的郵件、偶爾幾個電話，如何判斷你的產品品質呢？哪怕你的樣品他覺得還不錯，品質可以，但是誰知道有沒有潛在的風險和隱患？這時候單憑空口說白話是沒有用的。只有專業的第三方機構出具的報告和認證，才有足夠的說服力，就是所謂的「用證據說話」。

第二點同樣好理解。客戶為了避免麻煩，避免無休止地跟不同的供應商「擠牙膏」，就可以用測試報告來做初步的篩選。有測試報告的，那就說明其基本的門檻和遊戲規則都明白，那就往下談談看；沒有的，就直接出局。這樣就節約了時間，省心省力，直接把達不到要求的擋在門外。

至於第三點，當地法律法規也好、行業共識也好、國際慣例也罷，這些都是客觀的東西，基本上是無法靠主觀去改變的。或許很多中小客戶，可以打打擦邊球，有沒有測試報告都無所謂，照樣採購。可是大買家不同，這牽扯到公司的形象、公司在消費者心目中樹立的品牌。它們絕對不會去做這樣冒險的事情，以免出了問題不好收拾。舉個例子，比如美國就有相關要求，出口美國市場的食品包裝必須達到FDA的標準。

此外，如果產品要進入加利福尼亞州進行市場銷售，還需要加測 Prop65，也就是所謂的「加州六五標準」。這些都屬於強制性的要求，可操作和規避的空間是非常小的。

綜上分析，一跟二，其實在於人心，在於你能否讓客戶信任。只有三，才屬於客觀的要求。

在實際工作中，我們就可以按照這個思路，來調整應對措施和談判策略。

假設你做的是玩具，自己沒有做過相應的測試，但是給其他歐洲客戶供過貨，你知道你們的產品可以達到歐盟針對玩具部分的 EN71 的要求，可以通過測試。其他客戶有用你們的產品做檢測，但因為是客戶付費，所以報告不在你們手裡。

這種情況下，如果你開發的新客戶也是歐洲的，也是做玩具的，那你在前期開發的過程中，就可以專門強調你們的產品是嚴格遵循歐盟 EN71 測試標準的，可以通過測試。這樣點到為止就可以了。如果客戶問你要報告，這時候就可以說，你們大部分訂單都是給歐洲客戶做 OEM（貼牌加工），都是客戶拿你們的產品去做的檢測。根據以往的經驗和你們給歐洲客戶出貨的經歷，你們的產品過 EN71 毫無問題。

當然，你在郵件裡還可以特意補充一下，如果產品沒有通過檢測，由你們來承擔重新打樣和檢測的一切後續費用。這也是符合國際慣例的，就是客戶支付第一次檢測費用，如果不通過，後續重測的費用由供應商承擔。

這樣一來，儘管你可能暫時沒有報告在手，但憑藉你對自家產品的自信，來建立客戶對你們以及產品的信任，也為後續的進一步談判奠定

基礎。

畢竟有一部分客戶是願意承擔和支付測試費用的。因為你的大部分同行都沒有測試報告，客戶沒法選擇各方面都合適的供應商，所以在價格和品質達到平衡的情況下，他們會選擇自行支付費用來進行檢測，而且是一錘子費用，以後採取「下返單」的模式，基本就沒問題了。

另外，如果業務員自身有操作空間，在老闆面前有那麼一點點的說話權力的話，我還有另外一個建議，就是：「把客戶綁一條船上」。假設某個強制性測試要2萬元人民幣，折合美元差不多3400美元。但是客戶的預期訂單也就2萬多美元，讓客戶支付費用貌似有點難，但是你又不想失去這個客戶。

所以你在強調品質、寄樣、給方案、談判的同時，也可以適當地跟客戶表示誠意。比如表明你們願意跟客戶分擔測試費，你們承擔2,000美元，讓客戶承擔1,400美元。然後以後每個返單，再退200美元給他。

這樣一來，就等於給客戶畫了個餅，告訴他7個訂單以後，他的1,400美元就可以拿走了。等於是你們承擔了全部費用。

表面看來，這樣能吸引客戶，讓客戶覺得只要幾個訂單下來，就把費用轉嫁到你頭上了。但是對於你而言，等於綁了一個新客戶過來，在前期分擔了你們的測試費，多好！哪怕這個客戶下了一單就跑了，無所謂啊，你花2,000美元就等於做了3,400美元的認證，太值了！

但如果客戶真的下了七八個訂單，那1,400美元要全退？那是自然的，信譽還是要的，讓客戶有贏的感覺也很重要。但是我們要換過來看，哪怕他多下一單，你的利潤都不止這1,400美元，更別說七八單了。他是把芝麻拿回去了，但是你得到的卻是西瓜。

是不是無須絕望，門尙未關上？

> 外貿行業裡，門當戶對的原則天然地被弱化了很多。這讓中小企業有了更多「高攀」的機會，能去跟大買家合作，可以讓公司上一個臺階。
>
> 高門檻不是阻擋大家往上走的路，而是給大家學習的機會，去讓自己的腳抬得更高，邁得更遠。有野心不是壞事，腳踏實地去爭取每一個艱難的機會，是對自己的挑戰，也是對自己未來期許的回應。

第二節 通路為王

　　這裡我想講的「通路」，就是英文的 business channel 或 commercial channel，在台灣也被稱為「商業管道」。

　　通路的建立，一直是我再三強調的。它需要長時間的布局，需要團隊的磨合，需要公司有多種不同的方向，需要一點一點去積累。這裡面有個很重要的因素，就是時間。很多公司之所以被收購，或許不是因為員工、團隊，而是因為商業網路、客戶、通路。

　　舉個例子，可能我是一個室內傢俱工廠，一直給美國幾個大零售商供貨。但是我一直很想打開美國數一數二的傢俱零售商 Ashley Furniture（愛室麗）的市場，就是苦於無管道，不知道如何接觸到合適的人，沒有中間人介紹，開發信也是石沉大海。

　　可這時候我通過查詢海關資料發現，我的一個同行，正好就是 Ashley Furniture 的供應商，每年出貨不少。這個時候，如果我從對方公司挖人，或者直接入股甚至收購對方公司，原因會是什麼？是他們業務員夠厲害？未必，而是因為它的通路，這才是最吸引我的地方。因為我可以借助他們的通路，來達到我的目的，進一步拓展生意。

　　所以這一節我為什麼用「通路為王」這個標題？不是為了製造一種奪人眼球的效果，而是真正想借此機會告訴大家，未來的外貿模式，不僅限於明面上的競爭，比如價格和產品，還在產品要素之外，加入了人脈、情報、資源等方面的角逐，更加複雜多變。

換言之，人的作用，甚至大過了產品本身。

你有好的產品，是件好事；你價格不錯，是個優勢；你的生產商很強，工廠很現代化，也是加分項。但是別忘了，這些東西，你如何讓對口的客戶知道？你如何展示給客戶看？你如何把這些東西像廣告投放一樣，準確投放到該投放的對象中去？

這才是難點所在，這就需要「通路」。

我這裡簡單列出了三個誤區，希望給大家一個不一樣的邏輯。

■ 改造思維規則一：不是產品好就足夠

很多企業老闆是技術出身，所以特別迷信技術對於產品的影響，常常一門心思地鑽研產品，而忽略了行銷、設計、開發和策劃這些環節。

不是說技術不應該重視，而是技術本身就是一個比較矛盾的東西。因為大部分企業、行業，技術差距並不是太大，也就是說，如果你不是處於一個極度領先的地位，而且你的技術不能馬上投入市場，那就不見得會被市場所接受。

特別是很多歐洲國家，它們對於特別新的產品和技術的態度往往都是比較保守的。在這方面，美國非常超前，往往是某一個新產品在美國市場火起來以後，才會逐漸被歐洲客戶所接受。

我可以想到的是，哪怕你有好的產品，可是若缺乏特別好的通路去推廣，去讓這個產品和技術走向市場，那同樣會困難重重。

有些企業主會覺得，我產品好，客戶自然會找上門來。那就錯了。你產品好，但是你悶在家裡，別人怎麼知道呢？你若是沒有搭建好密密麻麻的通路網路，那麼在銷售這一關，要想避免同質化競爭，就會十分艱難。

產品好是基礎，也是大家精益求精的方向。可若是過度重視產品，而忽略了通路上的布局，這對於企業就是一個危險信號。

■ 改造思維規則二：不是價格低就可以

我們常說，價格很重要，但絕對不是唯一重要的。低價格在某種程度上的確能吸引客戶的注意，可是這需要後續的一系列組合拳去配合，而不是僅僅只有一個低價。

可能你覺得，別人都賣 4 美元的東西，我這裡 3.6 美元就可以賣，我比同行便宜了 10% 啊，完全可以讓客戶都來我這裡買。

可結果往往骨感得可怕，別人依然活得很好，你可能透過降價而多贏得了一些訂單，但是因為價格的下調，一年下來算總帳的時候，並沒有比過去多賺多少錢。這時候或許你就迷茫了，漲價不行，容易讓客戶跑掉；那我降價呢，照理應該生意大好啊，可為什麼並沒有極大的起色呢？

不少朋友都有這樣的經歷，也都有這樣的困惑。

在我看來，這還是通路的問題。特別在意低價格的客戶，不好意思，可能你沒有足夠的通路去接觸到；而許多更注重品質跟安全的客戶，或許又因為你的降價而覺得你不可靠，本能地給你貼了否定的標籤。

所以貿然降價的商業決定，未必能達到很好的效果。

■ 改造思維規則三：不是工廠大就有用

許多買手都喜歡大工廠，我也一樣。只要看到那種擁有一系列高端設備的大廠、超級乾淨整潔的廠房，大多數客戶都會打心底裡讚賞。畢竟經營工廠很不容易，能夠管理一個現代化的工廠，管理大批的員工，這是很考驗一個管理者的能力和智慧的，而且無比勞心勞力，這些都是事實。

大工廠能給買手一個很好的第一印象，這是沒錯的。但是這也僅僅會讓買手在同等條件下優先考慮你而已。舉個例子，如果同行的報價比你便宜 20%，買手會不會心甘情願以高 20% 的價格下單給你？自然不會，專

業買手會在你價格的基礎上砍 20% 甚至更多，等得到你的底價後，再去綜合考慮合適的供應商。

工廠大，設備先進，這只是一個方面。買手在意的是什麼？是利潤，是安全，是合作愉快。說難聽點，你的工廠大，能給他的訂單帶來額外利益，那當然好；如果帶不來，那不好意思，你的大工廠跟他沒有任何關係。只有在某些特殊情況下，大工廠才占有一些優勢。比如產能，比如驗廠。

我想借此告訴更多的業務員，不要去害怕跟大工廠競爭，也不要因為自己是大工廠就沾沾自喜。因為做外貿，工廠大小只是成交與否的一個因素而已，絕對不是全部，大部分情況下是左右不了訂單的。

所以做外貿，最有價值的資源是你的供應商，是你的團隊，是你的客戶，是你的潛在客戶，是你的人脈圈子帶來的無數疊加效應。這些東西，構成了「通路」本身。

當你想跟某個德國大客戶合作，你知道通過哪幾個德國進口下功夫；當你想打開俄羅斯市場，你或許有一個中國香港客戶是專做俄羅斯生意的；當你想拿下某個美國採購代理，你或許曾經的一個老客戶跟他們的副總有交情……就是這無數的交集，構成了水面下的東西。這些資源，這些通路，才是不可替代的最寶貴的財富。

> 毅冰說：
>
> 做生意不怕沒有好產品，就怕你有好東西不知道怎麼賣。
>
> 通路的問題，外貿人必須重視起來，因為這無法速成，只能積累，通過長期跟不同人打交道，經營自己的人脈資源，與人為善，為將來爭取更多機會而提早打下基礎。
>
> 過去的一些固有思維方式，可能已經變得落後。我們要做的，是在變化中調整自己，去適應如今這個競爭的時代。
>
> 產品為底，專業為主，通路為王。

第三節 外貿報價的誠信與風控

「誠信」與「風控」，從字面上看並沒什麼問題。做生意，當然要堅持誠信，這是為人的根本，也是商業的基石。風控是對細節的管理，是去平衡利益和風險。可這兩個詞，在外貿行業裡，對於老業務員而言，很多時候是矛盾的。

誠信好理解，誰都知道，做生意要維持誠信，千金一諾，但現實往往很骨感。大部分業務員朋友，自己能夠做主的地方很少，說白了，就是決定權不夠，大多數決定權掌握在上司手裡。可能你接到一個客戶詢價，很開心，屁顛屁顛跑去問經理價格怎麼報。從經理這邊拿到價格報過去，高了，可能客戶跑了；低了、錯了，老闆那邊沒法交代，如何維持誠信？

反過來，如果什麼事情都堅守誠信，那從風險控制的角度上看，對公司是不利的。比如一個訂單明明會虧本，甚至虧到傷筋動骨，你還一門心思去接，同樣也是有問題的。

所以這兩個詞，在某種情況下，是一對矛盾的個體，並不見得在任何場景下都可以維持兩全。那從業務員的角度上看，夾在客戶和公司中間，如何既維護客戶利益，又維護公司利益，還能在保證自身利益的同時不影響個人形象呢？這是一個極大的挑戰，我們可以從以下幾個方面來思考。

一、經常遇到的非主觀原因導致的「報錯價」

　　這個案例是業務員經常會碰到的，也是很多人的切膚之痛。可能訂單就在眼前，客戶都幾乎要談下來了，老闆突然掉鏈子（編按：關鍵時刻突然搞砸），跟業務員說某種配件忘記算進去了，正確的價格應該是多少。

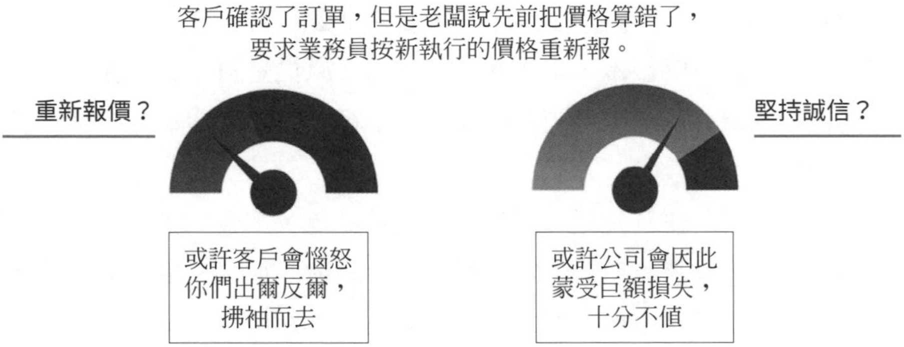

客戶確認了訂單，但是老闆說先前把價格算錯了，
要求業務員按新執行的價格重新報。

重新報價？　　　　　　　　　　　　　　堅持誠信？

或許客戶會惱怒你們出爾反爾，拂袖而去	或許公司會因此蒙受巨額損失，十分不值

圖 3-2　過往價格報錯（Wrong Quotes before）〔毅冰製圖〕

　　結果業務員一看，價格高了好多，報出去估計都要被客戶罵。但是沒辦法，老闆要求了，作爲員工總得執行啊。

　　業務員其實面臨的是一個兩難處境。同樣，公司也面臨兩難處境。如果重新報價，可能客戶會很不高興，你現在跟我說價格不對要改，當初幹什麼去了？客戶可能會抱怨，我跟我的客戶都確認好了價格，訂單都談下來了，你現在要漲價，你讓我如何跟我的客戶交代？

　　如果堅持誠信呢？那就是執行錯誤的價格，按照錯誤的價格來成交，公司有可能會因此蒙受巨額損失，十分不值。

　　既然這種情況可能出現，我們如何盡可能地避免呢？這個問題我們留待後面一併解釋，現在先看圖 3-3。

Exchange rate fluctuates，匯率浮動，也是大家面臨的一個讓人頭疼的問題。因為本身外貿的利潤就不高，算上退稅，一個訂單可能就幾個點的利潤，一旦匯率動盪，人民幣一升值，可能所有利潤都得填進去。所以匯率風險是客觀存在的一個因素，我們該如何做好風控呢？

客戶確認了訂單，業務員才猛然發現，離自己當初報價的時間雖然才過了兩個多禮拜，但是這段時間內美元貶值、人民幣升值的幅度都很大，當初的價格已經難以維持。

圖 3-3　匯率浮動（Exchange Rate Fluctuates）〔毅冰製圖〕

比如我在圖 3-3 中寫的，客戶確認了訂單，業務員才猛然發現，離自己當初報價的時間雖然才過了兩個多禮拜，但是在這段時間美元貶值、人民幣升值的幅度都很大，當初的價格已經難以維持。

這種情況下怎麼辦？有朋友可能會說，既然匯率動盪不是我能控制的，我給客戶漲價，天經地義。話是沒錯，但是對方可不這麼想。我曾經碰到過一個日本客戶，我們一直用美元做生意。有一次，因為在客戶確認訂單前兩天人民幣升值，所以我只能跟客戶談，因為匯率的問題，我們要調整價格。這個階段匯率的變化，請參照哪裡哪裡，我還附上了一個網頁連結。我自以為自己做得有理有據，但是客戶那邊卻給我上了一課。客戶的回覆是，今天我從你這裡採購，因為人民幣對美元升值，你要給我漲價。那試問，等貨到了日本以後，日元如果對美元貶值，我該怎麼辦？我

付你餘款的時候，要用日元去購買美元，我的成本會因為匯率變動而上升，你是不是也要給我打折呢？

聽到這裡，我真的啞口無言。我開始檢討，問題究竟出在哪裡？後來，我想明白了這個問題，也找到了解決方案。具體怎麼做，我們還是放在後面講。現在先一口氣把第三張圖看完。

Raw material price raises 中文是「原物料價格上漲」。大家不要小看這個問題，因為很多外貿朋友做的產品，都是跟原物料息息相關的。比如說，你出口一個塑膠盒子，材料是 100% 的 PP。也就意味著，如果 PP 這種原料的價格大漲，你產品的價格也要跟著漲，這是沒辦法的事情。那PP 是不是隨時會漲價呢？當然有可能，這很大程度上是由市場決定的，是原物料供求決定的。PP 怎麼來的？是乙烯在催化劑的作用下，透過化學反應聚合成的。

乙烯又是怎麼來的？是從石油中通過化工裂解得到的。所以我們可以得到簡單的結論，只要石油漲價，市場上的 PP 原料，自然會隨之漲價，這是很正常的事情。

可能我們工作中會碰到下面這個場景：客戶確認了訂單，業務員突然發現原物料價格大漲，幅度超過了 30%，前面的報價如果照做，必然損失慘重。

客戶確認了訂單，業務員突然發現如今原物料價格大漲，幅度超過了 30%，前面的報價如果照做，必然損失慘重。

圖3-4　原物料漲價（Raw Material Price Raises）〔毅冰製圖〕

但是問題在於，如果你跟客戶談漲價，客戶會那麼好說話嗎？客戶會說，價格是你報的吧？現在我接受了價格，你又要漲價，那就是你們沒有誠信。這就好比你去 4S 店買車，你試了其中一款，可能業務員報價 30 萬元人民幣，你回去考慮了下，第二天帶了 30 萬元過去訂車。如果對方說，現在要 35 萬元了，因為很多配件漲價了，你覺得你能接受嗎？這種心理落差，往往容易讓客戶對一個供應商失望。

所以，原物料漲價是一個問題，也是大多數老闆用來給客戶漲價的其中一個藉口。但是這個藉口用得好還是壞，很考驗一個業務員的個人能力。如何讓客戶知道、理解，但是又沒那麼抵觸，這個度的把握相當關鍵。

三種情況都分析過後，我們自然要探討一下解決方案。如何應對？如何處理？這一定是大家最關心的問題。

二、未雨綢繆，保誠信

根據上面這些圖表和描述，我們就可以得出結論了，影響報價誠信的三大因素是什麼？或者我們可以反過來看，老闆要給客戶漲價的三個藉口是什麼？

第一，就是最直接的，我價格報錯了，然後改價格；第二，就是匯率問題，所以要漲價；第三，就是原物料上漲，我不得不漲價。這三點也就是我這裡寫的 offer，exchange rate 和 raw material。若是用圖來表示，就是下面這個樣子。

圖 3-5　影響報價誠信的三大因素（Three Issues to Impact Pricing）〔毅冰製圖〕

　　當然，現實中還不止這三個因素，還有第四個，我把它稱爲 3+1，後面加上的這個因素是人工成本的上漲。大家可以自己思考一下，當你跟客戶說要調整價格，或者當客戶已經確認訂單，你卻不得不調整價格的時候，你怎麼跟客戶說？無非就是，哎呀，匯率怎麼怎麼樣，原物料怎麼怎麼樣，要麼就是不好意思我價格核錯了。還有就是 labor cost（人工成本）的問題，人工成本上升。無非就是這幾個。

　　之所以我在這裡沒有把人工成本放進去，是因爲我在這一節裡特別強調的是當客戶確認價格以後，你又要調整價格的這種情況。而人工成本，在短期內不會有太大變化，所以這個理由不是一個核心理由，我暫時就不作專門的講解了。

　　當然，如果客戶是兩年前詢的價，現在要下單，那你重新報價，談談兩年來勞動力成本上漲了多少也很正常。即便重新更新報價單，修正原來的價格，客戶也絕對不會有意見。但是如果你報了價才兩個禮拜，又沒有特別強調報價有效期的話，一旦客戶確認訂單，你再嘰嘰歪歪說這個不行，那個不行，就是你的問題了。這容易讓客戶覺得這個供應商沒有誠信，覺得這個業務員不可靠。

那既然問題都已經找到，我們就可以從以下這三個方面入手，一條一條去規避了。

Step1：報價單上添加備註 E & OE

在英文中，E & OE 是 error & omission excepted 的縮寫，中文可以翻譯成「錯誤及遺漏除外」。這是爲了給自己留一點餘地。因爲你再仔細，再考慮完善，也有可能忽略一些東西，這很正常。沒人希望報價報錯，但是這種事情眞的不好說。萬一眞的漏算了什麼，那也可以厚著臉皮跟客戶解釋，不好意思，我們哪裡計算錯了，新的價格應該是怎麼樣……雖然這並不見得就能解決問題，但是留這麼個尾巴，總比沒有好。我曾經見過一個英國供應商的報價單，其中就把 E & OE 放在左下角，大致就是下圖這個樣子。

Description	Quantity	Unit Price	Cost
Polyester shirt, small	10	GBP 25	GBP 250
Polyester shirt, medium	21	GBP 26	GBP 546
Polyester shirt, large	12	GBP 27.25	GBP 327
		Subtotal	GBP 1123
	VAT（@17.5%）		GBP 196.53
E & OE		Total	GBP 1319.53

圖 3-6 英國供應商的報價單（An Offer Sheet from a UK Supplier）〔毅冰製圖〕

Step 2：針對大專案和核心訂單，設置匯率區間

匯率每天都在變，甚至每時每刻都在變，這很正常，但是業務員不可能無休止地給客戶調整價格，這也不現實。曾經有一個供應商給我報價，

我半開玩笑地說，「最近人民幣升值，你可千萬別找我下單了，又提出漲價，那我就很難做了。」沒想到他回了我一句，「我的報價是基於這一刻的匯率，如果你下單的時候，匯率動了，價格就要動」。

這也就意味著，供應商把所有的匯率問題都一股腦兒推到我這個買手這裡了，自然是不現實的。所以我也不可能跟他再往下談。他採用的就是一刀切的做法，按人民幣計價，對應美元，只要匯率有任何波動，價格就會隨之調整。這對於大多數客戶而言，的確很難接受。因為我不可能這一分鐘剛確認好價格，下一分鐘就同意你漲價，我也沒法向上司交代。

在我看來，供應商需要用一種整體的眼光去看待問題。比如這個項目的毛利率可能是 10%，如果匯率浮動一點，比如 0.3%，那毛利率的變化幾乎是微乎其微的，沒有必要去跟客戶斤斤計較，給自己進一步談判帶來麻煩。這甚至有可能會因此得罪客戶，讓對方覺得你不可理喻，那就得不償失了。

可要是因為匯率變動過大，怎麼辦？如果一個大訂單，競爭激烈，可能總共只有 3% 的利潤。在這種情況下，匯率的動盪會對訂單產生嚴重影響。我們假設人民幣升值 4%，如果供應商不偷工減料的話，這個訂單必定虧損。如果這個訂單是數百萬美元的大單，工廠要耗費幾個月時間去做，明的損失是幾萬美元，還有暗的損失，比如因此而失去的接其他訂單的贏利機會。總的算起來，這個損失真的很慘重。

既然如此，我們可以採用一個相對公平的辦法，就是根據自身情況和具體專案來設置匯率區間。也就是說，如果匯率在某個區間內浮動，價格可以維持不變；若是匯率浮動過大，超過了彼此同意的區間，那就要根據實際情況相應調整。

比如說，我們把匯率區間設置在 3%，那如果人民幣兌美元升值超過 4%，那超過部分的 1%，一人承擔一半，也就是價格要增加 0.5%。

相對應的，如果人民幣兌美元貶值超過 4%，那也超過了設定區間，超過部分的 1%，同樣一人一半，給客戶的價格可以在原有合同的基礎上再降 0.5%。

這樣對於雙方而言，就是一個相對公平的方案。最開始的報價郵件，或許就可以這樣寫：

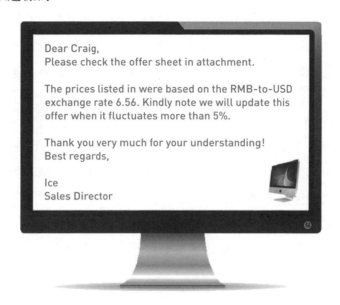

Dear Craig,
Please check the offer sheet in attachment.

The prices listed in were based on the RMB-to-USD exchange rate 6.56. Kindly note we will update this offer when it fluctuates more than 5%.

Thank you very much for your understanding!
Best regards,

Ice
Sales Director

圖 3-7　一封出色的報價郵件（A Flawless Quoting Email）〔毅冰製圖〕

■ Step 3：針對跟原物料息息相關的產品，設置原物料價格區間

有些產品因為不是高附加價值產品，也不是需要很多道工序加工的產品，所以跟原物料的聯繫就變得十分緊密。

比如說，一個不銹鋼勺子可能包裝很簡單，就是一個條碼標貼，然後 100 個裝一個外箱，沒有其他額外的東西。這樣的產品，當然跟原物料息息相關。如果哪天，食品級 304 不銹鋼漲價 20%，那這個勺子恐怕也要

漲價 15% 以上，因為其他工序、附加價值太少了，整個產品全跟原物料相關，不漲價是不可能的。

　　針對這類產品，其實我們可以採用上面 Step 2 的做法，同樣可以設置原物料的價格區間。假如利潤相當低，3% 的浮動區間太多，那就設置 2%，甚至 1%，同樣可以跟客戶商量。

　　價格區間的設置是為了讓自己不那麼被動，也讓客戶心裡有底，知道大致的情況如何。有些客戶一看最近原物料貌似有漲價苗頭，可能就會立刻下單，鎖定原料價格，也鎖定了產品價格，這也是很多專業買手的職業嗅覺。

　　作為供應商，作為專業的供應商，這些都是必備的技能。要在一開始就防範於未然，把可能出現的問題儘量考慮到，然後用專業的手法去規避，去跟客戶談判。這樣做，起碼在一開始，就展示了自己對於細節的把控，以及對於風險的平衡能力。

　　這樣一來，就等於事先已經埋好伏筆。如果報價後出現了問題，就可以從容應對，而不至於出爾反爾，影響自己和公司的誠信。

　　這也算是一種標準作業流程吧。

> ❝
>
> **毅冰說：**
>
> 　　誠信和風控，在實際工作中，是可以平衡的。
>
> 　　我們不需要因為出現意外，就面臨接受損失成或者出爾反爾的糾結。很多問題，其實在一開始，就可以防患於未然。報價報錯怎麼辦？其實這不是報錯以後的問題，而是在一開始如何降低機率的問題。
>
> 　　我們不能把目光聚焦於「亡羊補牢」，而要聚焦於「預見問題」，這樣才能「避免問題」，讓一切盡在掌握。步步為營，隨時有應對策略，才是正確的做法。這考驗的是業務員的思維是否縝密以及做事是否細膩。這可以作為外貿標準作業流程的一個要點，也是業務員專業素養的一個側面。
>
> ❞

第四節 了解產業鏈流程，提升你的專業度

這一章的總標題是大買家和專業客戶思維揭祕，所以除了一些思維層面、專業素養層面、標準作業層面、增加客戶信任度和調動客戶積極性的內容外，還有一塊內容不得不講，就是如何把簡單的「賣貨」延伸到產品的「端對端」環節中。

這個內容在外商被稱為 End-to-end Merchandising Process ，也就是產業鏈流程。

為什麼要學這個？有什麼實際意義？其實這是挑戰高難度的事情，也是往專業化道路繼續攀登的必經之路。舉個例子，你把產品以 FOB 價格賣給了一個美國客戶，但是你知不知道美國客戶具體的操作流程？他除了在你這裡採購外，還要做哪些工作？產品是誰定的？要求是怎麼來的？包裝是誰設計的？物流是誰控制的？保險是誰買的？海外的內陸運輸是誰做的？海外的倉庫是誰定的？系統和整套流程是誰做的？銷售推廣是誰研究的？貨架陳列是誰設計的？……

這一切的一切，就像一扇扇窗，後面藏著一個個的未知。大多數業務員而言，在面對這些問題的時候都是一片茫然。大家甚至不知道，了解這些事情，經歷這些東西，究竟有什麼必要。

在我看來，這樣做有兩方面的作用：一是極致的專業可以增加客戶對你的信心；二是跟其他同行和歐美進口商競爭，用專業和個人能力去碾壓他們。

不同產品、專案的產業鏈流程可能會非常複雜。但是我們還是可以通過模組化，把產業鏈流程的各個步驟做基本的歸納和總結，可以簡單地用下圖來表示。

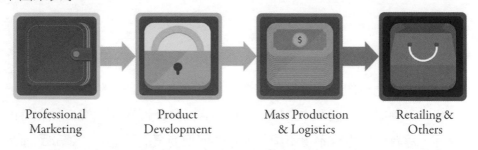

Professional Marketing　　Product Development　　Mass Production & Logistics　　Retailing & Others

<u>圖 3-8</u>　產業鏈流程（End-to-end Merchandising Process）〔毅冰製圖〕

一個專案的端對端產業鏈流程，可以分為層層遞進四個模組：先是專業的行銷計畫，接著是產品開發，然後是大貨生產和物流，最後是零售與其他內容。

而大部分業務員平時關注且唯一關注的，僅僅只是第三個環節——Mass Production & Logistics（大貨生產和物流），而忽略了不切身相關卻無比重要的其他三個模組。而這些，恰恰是歐美進口商的強項，他們可以有針對性地給零售商和大買家提出合理化建議，用專業的方案來爭取機會，拿下訂單。

下面我們還是以圖表的形式，一一分析這四個模組對應的內容，並對其做進一步的拆解和分析，使其在邏輯上更清晰，也讓人更容易理解該從哪些方面去下功夫。

我們先要知其然，才有可能進一步知其所以然。

做業務單憑一腔熱血是不夠的。你的知識面愈豐富，經歷愈充足，對於產品和市場的了解愈多，就愈能夠增強自己的知識儲備，給客戶留下一

個整體的專業形象，從而爭取到更好的機會。

　　只有懂得愈多，你才愈能把問題考慮得細緻，甚至注意到客戶根本沒有留心的地方，從而給出建設性意見，來促使這個專案進展下去。

一、專業的行銷計畫（Professional Marketing）

　　我們先來看第一個模組，Professional Marketing（專業的行銷計畫）。

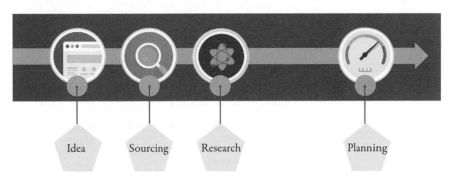

圖3-9　專業的行銷計畫（Professional Marketing）〔毅冰製圖〕

　　大買家或者專業客戶打算推進一個專案，絕對不是一拍腦門就直接採購，要經過很複雜的流程。最初，是我們所謂的Background Research（背景調查）階段。先摸底，就是在有初步想法的時候，專門去了解這個產品的供應商分布情況，做好市場調查。要有整體的銷售計畫，設想和規劃過這個專案怎麼做，產品怎麼賣，如何讓消費者了解和接受，如何定位，如何跟同行競爭，如何打造差異化等。這些都是在前期需要完成的工作。

二、產品開發環節（Product Development）

　　當以下步驟完成了，才會進展到第二個模組——真正意義上的 Product Development，也就是產品開發環節。

　　有了設想，有了前期的規劃和初步的行銷方案，那總要把產品給做出來才行。比如一個基礎的產品，如何改進，如何設計，如何做新穎的包裝，這些都是產品開發的重要範疇。等這些完成後，那就要把買手、工程師和設計師的想法轉變為實實在在的東西，這需要專門打樣。

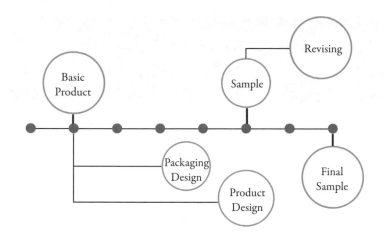

圖 3-10　產品開發環節（Product Development）〔毅冰製圖〕

　　等看到樣品後，用實際的東西來印證最初的設想，然後再修改和調整，一步步使其達到最佳狀態，直到最終可以進入批量生產的大貨出現，並解決了各種問題，這個環節才算真正完成。

三、大貨生產和出貨（Mass Production & Logistics）

大貨生產和出貨環節，相信對於大多數業務員來說，都是最熟悉的。透過前期的談判、打樣等階段，正式拿下訂單後，自然就進入了大貨生產的環節。但是對於專業客戶和大買家而言，這之前的流程會更加複雜些，比如產品測試、認證，比如驗廠，比如對供應商的多方面評估等，這些都是影響訂單的重要因素。哪怕訂單已經確認了，但是這之後產生的各種問題，撰寫的各種複雜的文書，需要整改和修正的各種地方，還是讓供應商們戰戰兢兢。

此外，在大貨生產的過程中，或許還有 inline inspection（產中驗貨）讓供應商沒法懈怠，因為不能隨意編造訂單進程。完貨前後，還有 final inspection（最終驗貨）這道門檻。所有流程完全通過後才能最終安排訂艙和出貨。

流程看似簡單，操作起來卻一點都不簡單。

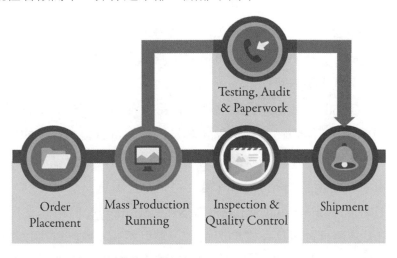

圖 3-11　大貨生產和出貨（Mass Production & Logistics）〔毅冰製圖〕

四、零售與其他事項（Retailing & Others）

這是最後一個模組 Retailing & Others，字面上很容易理解，就是「零售與其他事項」。這顯然是整個供應鏈條的 overseas part（海外部分），也就是完全不受控，完全掌握在最終客戶手中的部分。

Goods In-warehouse & In-store

Promotional Support & Sales Strategy

Advertising & Visual Merchandising

Retailing

圖 3-12　零售與其他事項（Retailing & Others）〔毅冰製圖〕

產品怎麼賣，賣什麼價格，怎麼打廣告，怎麼推廣……這些都是客戶的事情。但是千萬不要以為這些事情跟供應商沒有關係，業務員就不需要了解。完全不是這麼一回事！

比如，Goods In-warehouse & In-store，產品什麼時候進倉庫，什麼時候到門市，這關係到物流和倉儲。若是供應商可以根據客戶的計畫，算準出貨時間，計算內陸運輸時間，來控制和減少客戶的倉儲成本，滿足客戶的銷售時間並配合客戶的銷售計畫，這是不是很重要？

又比如，Promotional Support & Sales Strategy，促銷的支援和銷售戰略。如果業務員對產品在當地促銷有一點兒經驗，或許就可以根據過往的經歷，結合其他客戶此類產品的促銷定價方案給出建議，或者貨架陳

列、產品堆放的一些技巧。這樣做，往往會讓客戶對你刮目相看。

再比如，Advertising & Visual Merchandising，一個是「廣告」，一個是「櫥窗和貨架的視覺陳列」，這些都不是簡單的東西。如何做廣告，如何找對應的消費者，如何對產品進行精確的定位，如何做好市場細分，這些都很考驗人。做廣告需要精美的影片或圖片，需要能奪人眼球的東西。這就需要供應商在一開始就積極配合，提供完整的樣品，以便客戶安排攝影師來拍攝高解析圖片，安排廣告公司去製作樣本或者宣傳海報等，這都是需要時間的。如果供應商夠專業，在專案開始之初，就對這些海外的零售環節無比了解，能夠提出一個個專業的意見，提供一次次高效的服務，跟客戶的合作顯然會事半功倍。

而 Retailing 只是最後的零售環節而已，是前面所有流程的成果在最後的呈現。這個環節由市場決定，也由消費者決定。

可以看到的是，這四個模組總共 19 個要素，缺一不可。這就好比足球場上，球員進了球，大家歡呼，覺得他水準高，技術好，是大球星。但是我們不可能忽略的是，他的苦練，他對傷病的控制，隊友的配合，教練的專業等。一個有機的整體才能發揮最大的價值，只靠個人能力是不行的。

做外貿同樣如此，業務員不僅要知道與產品有關的資訊，還要知道上游和下游的各個環節，要了解整個產業鏈，明白自己的產品是如何一步步進入最後的零售環節的。這些都是需要在平時工作中去留心、去積累的，也是教科書上不可能學到的。

希望這一節的內容，能減少業務員們固有的思維壁壘。

毅冰說：

　　產業鏈說起來複雜，其實完全可以模組化。End-to-endMerchandising process 是從一個高度整體去掌控專案的各個環節，要把思維模式從「賣貨」轉變為「做專案」。這不是一個簡單的事情，對業務員的要求十分精細。

　　這些東西要自己去經歷，也要自己去總結，不是時間長了就一定會明白的，需要下苦功夫、動腦筋去鑽研。去了解海外部分究竟是怎麼一回事兒，去探索如何跟客戶更加緊密深度地合作，去研究如何給客戶更好的支持跟配合。這才是未來精細化外貿的出路，也是外貿業務員們跟歐美進口商競爭的不二法則。

第五節 千變萬化的附加價值

很多朋友一聽到附加價值這個詞，腦子裡首先浮現出的，就是自己的產品。可能就會想，我們的產品並沒有什麼特殊啊，我們的技術也不見得領先，我們的價格也沒有優勢⋯⋯簡而言之一句話，我們做的東西，跟同行並沒有什麼差別，如何體現附加價值？

其實這本身就是思維上的一個誤區。把附加價值簡單理解為產品的附加價值，並不全面。附加價值可以涉及產品和行銷的方方面面。可以這麼理解，只要是對產品和公司有利的，能夠提供生產加工環節製造的東西以外的價值，都可以歸為附加價值的範疇。

如果說得再直接一點，附加價值就是：透過一定的手段，讓你的產品賣得比它本身的價值高的部分。

如果還是無法理解的話，可以通過以下案例和分析，來繼續思考這個問題。

案例
3-4

蘋果手機的附加價值（Added value of iPhone）

　　大家是否認為，iPhone 的價格跟它的製作成本息息相關？是不是某些配件漲價 5%，就會嚴重影響它的零售價呢？根本就不會。因為生產成本在 iPhone 的所有成本中只占據了很少的一部分。材料也好，配件也好，匯率浮動也好，對於終端零售價根本不會有什麼衝擊，零售價格的變動，更多的是由定價策略決定的。

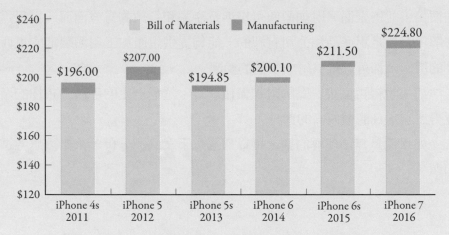

圖 3-13　iPhone 7 的價格構成（The Cost of Making the iPhone 7）
【來源：Statista，數據出自 IHS】

　　第三方研究公司 IHS（埃士信）專門對 iPhone7 做過拆解和資料統計，在 iPhone 的整條產業鏈裡，產品真正的成本是 224.8 美元。大家

可以這樣理解，從外貿的角度看，富士康給蘋果的 iPhone7 的 FOB 價格就是 224.8 美元。而對比 750 美元的零售價，大家覺得蘋果公司的毛利潤有多驚人？哪怕將各種研發成本、開支、雜七雜八的公司營運成本和管理費用都算在內，也遠遠不至於產生如此高昂的利潤。這也是為什麼蘋果公司擁有 500 強企業裡最強的現金儲備。因為利潤太好，銷售太好，所以蘋果公司獲得如今的地位並不稀奇。

在整個智慧手機領域，為什麼蘋果能夠攫取遠勝於同行的高額利潤，賺得盆滿缽滿？為什麼其他手機廠商就做不到？難道消費者都是傻子，不知道它成本根本沒那麼高嗎？為什麼還會買單呢？

其實答案很簡單，消費者買的不是手機的配件和原物料本身，而是一個整體以及這個整體所帶來的附加價值。可以理解為，消費者願意為 iPhone 的附加價值買單。這種附加價值，就是產品的溢價，就是品牌的溢價，因為這不僅包含產品本身，還賦予了產品各種內涵和外延的東西。這就好比一件襯衫，差不多的面料，為什麼紀梵希的就不便宜？面料和輔料哪怕好一些，也絕對不至於把零售價抬高那麼多，原因何在？無他，同樣是附加價值帶來的溢價。

iPhone 同樣如此，因為有附加價值的存在，而且這個附加價值還相當高，那價格就會進一步超越成本本身。在我看來，它的附加價值也不是無跡可尋，還是可以做簡單的總結的。若是從四個部分來分析，我們可以用一個圖來簡單列舉。

01 設計
優秀的工業設計，引領智慧手機的發展方向，iPhone從第一代開始就已經重新定義了智慧手機。

02 技術
獨立研發的 iOS 作業系統，性能平衡。也正是因為這種封閉流暢的系統，使得用戶黏性相當高。

04 品牌
蘋果一直致力於打造高端品牌形象。

03 市場
蘋果在市場投入和行銷方面，一直都是不遺餘力的。

Branding　Designing　Technique　Marketing

圖 3-14　iPhone 的附加價值解析（Analyzing iPhone's Added Value）〔毅冰製圖〕

　　看到這裡，或許有些朋友會有些疑惑，覺得這個案例太遙遠，要是我們有 iPhone 這樣的產品和品牌，我們還會發愁外貿難做嗎？

　　別急，這只是開始。我借這個案例，是希望告訴大家，附加價值是千變萬化的。不同的產品應該被賦予不同的靈魂和賣點，只有這樣公司才能做好適合自己的定位，做好市場和客戶細分。

　　如果說你的產品沒有特點，很多同行都在做；你的東西很簡單，沒多少包裝或者顏色上特別出彩的地方；你的價格並不好，不算貴但也不便宜；你的產品品質也一般，只是大眾化的層次；你自己都想不出產品有什麼好的地方。自己都看不上的東西，如何去做好銷售？如何做好差異化？

二、一個事實，一條定律

案例
3-5

一個事實，一條定律（One truth & one rule）

事實：任何產品，存在即合理。

產品能銷售，就說明是經過市場驗證的，只要沒有被時代所淘汰，沒有被新技術徹底替代，就說明有存在的道理。好比數位時代，黑膠唱片不再主流，底片相機逐漸走向邊緣一樣。

可它們是否完全退出市場了呢？其實並沒有。黑膠唱片音質比如今的 CD 和 DVD 好嗎？當然不是，但別人的附加價值是「懷舊」，是「情懷」，是「小眾」，是「品味」。所以哪怕不再主流，但是競爭對手同樣不少，機會還是均等的。

再看底片相機，是否也都被數位相機取代了？也沒有，因為它同樣有附加價值存在，是「習慣」，是「愛好」，是「實在感」，是「自信心」，是「專業」。所以只要一天沒有徹底淘汰，它就不存在無附加價值一說。

定律：沒有不合適的產品，只有不合適的人。

說白了，你覺得業務艱難，一方面是因為你沒有找到合適的客戶；另一方面是你沒有讓真正的客戶對你產生興趣和信心。這裡面的因素，其實是人的因素。大多數時候，大家不是跟商品打交道，而是跟人打交道，從而去了解商品，去探討需求，去啟動合作。

產品是基礎，但是背後的人才是操控這一切的主宰者。我們常常

產品普通，但人可以不普通。更何況，你覺得普通的東西，或許有一批客戶正有這樣的需求呢？

如何讓客戶信任你、喜歡你，甚至願意跟你合作，這個課題很大。簡而言之，在同一條件下能讓客戶優先考慮你，這就跟你的專業、效率、溝通技巧、談判策略、為人處世等息息相關。所以當產品在同一起跑線，或者同行的優勢也不是那麼強的時候，就看業務員的個人能力了，這也是附加於產品之上的附加價值。

三、平庸業務員 & 出色業務員

在我看來，人是最大的附加價值，也是促成合作或影響合作的關鍵因素。這裡，還是把大家覺得最難以把握的「跟進客戶」作為主要切入點，來好好分析一下。我也希望借此讓大家明白，平庸的業務員跟出色的業務員的差距，真的是無比巨大。這本身就是附加價值。

案例
3-6

催促和跟進傻傻分不清（Push VS Follow-up）

很多業務員嘴上說「跟進客戶」，但實際做的卻是「催促客戶」。

這一比較，就高下立判了。

催促客戶，實際上是跟進客戶範疇中的一個部分。報價以後沒下文，或者幾次聯繫後進展不下去，那就需要去跟進這個專案。這往往才是考驗業務員水準的地方。

前期找客戶不難，中期報價、寄樣也不難，難就難在客戶不回覆了，沒消息了，談著談著沒下文了，你如何去跟進，去了解原因，去把這個問題搞明白、弄清楚，甚至重新將其拉回談判軌道。

大多數業務員的做法就是，客戶沒消息，就寫郵件去問：「請問你有沒有收到我幾月幾日的郵件，你這邊是什麼看法？」如果還是沒消息，那就過陣子繼續問：「請問你這邊進展如何了？有消息請聯繫我。」還是石沉大海，那再跟進一個郵件，來個貌似很簡潔的「Any news（有進展嗎）？」或者來個「re-send（再次發送）」。

如果依然沒消息，電話也打不通或者客戶不接，幾次以後，業務員也就放棄了。

這就是大多數業務員所謂的「跟進客戶」的流程。對嗎？沒有什麼大錯，但是也看不出任何技巧，不算差，但是也絕對不出色。這樣的業務員的附加價值是不高的，因為你缺乏自己的東西，沒有亮點，思維也在走尋常路。

可事實上，「跟進客戶」有太多的技巧，有太多東西可以揣摩，有太多地方可以思考。跟進的手法往往需要根據不同情況隨時調整，不拘泥於形，千變萬化才是對的。

其實這個世界上，真的沒有多少人喜歡一直被別人 Push。這就好比你去看了套房，結果仲介天天電話、簡訊、微信轟炸你，問你買不買，什麼時候買，你一定會不勝其煩。

做外貿同樣如此。你報價以後沒有下文，或許是你價格太高，或許是你價格太低他覺得不可靠，或許是客戶還在比較和篩選供應商，或許是這個項目還在進展中，或許是這個報價暫時被擱置，或許是客戶正好出差或休假，或許是客戶內部架構調整還沒有合適的人跟進⋯⋯

只能說一切都有可能。那業務員該怎麼做？當然要用盡自己的方法和手段，盡可能掌握更多的資訊，然後在後續的談判中不斷調整，找到合適的突破口。

那這期間，產品本身重要嗎？重要，但是只要不是不可替代的東西，那就需要人在其中發揮作用，去跟進，去談判，去促成機會的降臨。

在我看來，要提升自己的附加價值，提高談判和溝通水準，除了要對產品、價格、市場等情況有所涉獵外，還要明白一點，那就是「不做客服式銷售」，「不做傳聲筒」，把個人的附加價值提升到極致。

我們可以假設一個場景，業務員 Ice 在廣交會上接待了客戶 Richard，當場也針對客戶選中的產品做了基礎的報價。可回來以後在跟進客戶的時候，發了報價單就沒下文了。Ice 寫了郵件追問進展，沒消息。這個時候，前期的「開發客戶」已經完成，接下來就是「跟進客戶」這個大難題了。下面我通過 5 封郵件，從不同角度來展示 Follow-up（跟進）的技巧和變化。

跟進郵件：樣品切入（Follow-up email with sampling topic）

Hi Richard,

How are you doing? Have you reviewed my offer sheet, which is simply quoted at our booth of Canton Fair?

I could push my factory for sampling as quickly as possible and let you receive in 5 days. And we could discuss further issues accordingly.

Thank you.

Best regards,

Ice

　　這裡採用的是在報價無下文，並不知道價格好壞的前提下的一種跟進策略。因為沒有任何回饋，貿然降價顯然是不明智的，容易搬石頭砸自己的腳。這個時候，關鍵是要引起客戶的關注和回覆，然後從字裡行間尋找寶貴資訊，從而再布局下一步的跟進。

　　所以樣品就是一塊很好的敲門磚。如果客戶有興趣看樣品，說明價格差距不會太大，可能已經在一個能夠接受的區間裡，所以存在進一步談判的空間。若是客戶連看樣品的興趣都沒有，也不回覆，或許他已經有更好的選擇，又或許你的價格水分太大，遠超過他的預算。

　　除此之外，還有下一招。

跟進郵件：熱賣產品切入（Follow-up email with top-rated items）

Dear Richard,

Here I attached the photos of our top-rated items for the US market.

Just for your reference.

Please keep me being informed for any question.

Best regards,

Ice

若是上一封郵件的「樣品切入」並沒有效果，沒有收到客戶的回覆，可以考慮繼續跟進。現在的招數是「熱賣產品切入」。推薦同一個市場好賣的產品，推薦客戶同行採購的產品，很多時候往往能激起對方的興趣來跟你探討一些話題。如果依然沒下文，那就可以再換一個思路，從品質入手，強調你們絕對不會因為價格原因，在品質上讓步。

產品品質切入（Follow-up email with quality issue）

Dear Richard,

Thanks for your inquiry from the Canton Fair.

We always do our best to keep the price as low as possible without sacrificing quality, and we are constantly investigating new methods of quality improvement. If you have interest, we are willing to send you some technical files for your reference.

We really need your comments to go ahead.

Best regards,

Ice

樣品切入，沒反應；推薦熱賣產品，還是無動於衷。那這個時候，再換個招數，從品質上入手，看看情況如何。若是依舊跟進無效，那就過陣子再換招數，打打情感牌試試看。

情懷切入（Follow-up email with thoughts & feelings）

Dear Richard,

We haven't heard from you since we sent you our offer sheet, I wonder whether you require any further information before placing an order.

We absolutely understand you will consider a majority of issues, such as quality, pricing, margin, lead-time or promotion planning.

According to our full experience in this field, we could show you something, which we did for our other heavy customers.

I'm sure our further discussion could break the ice and satisfy both of us.

Best regards,

Ice

既然專業的、產品的部分都談了，還是談不下去，那就換個思路，來點文藝的東西。若是連這招都不管用，對方還是打死都不回覆的話，那就只能再想轍，再換一個思路，嘗試一下相對無賴一些的手法。

案例 3-11 「無賴」切入（Follow-up email with piquant method）

Dear Richard,

Still no comments from your side. I think you are really busy after the tough business trip to Canton Fair.

So I attached the offer sheet again. Please help to review it at your convenience. And I plan to call you around 3:00 p.m next Monday at your time.

Please advise me if not workable then.

Kind regards,

Ice

先捧捧對方，表示展會回來一直沒有你的消息，相信你肯定很忙，有很多事情要處理。

然後第二段點明主旨，表示重新附上了報價單給他確認，請他有空的時候看看。後面那句才是關鍵，「我計畫在你所在地時間，下週一下午三點給你打電話」，請他告訴你是否方便。

這就是一個相對「無賴」的做法。其實並不是真的無賴，我標題中用的英文單詞是 piquant，是「調皮的」「貪玩的」的意思，也是為了說明這種切入方式只是為了喚起對方的關注。哪怕對方那個時間點不方便接電話，也可以郵件回覆一下，或者告知郵件聯繫就行，暫時沒必要打電話之類的。只有客戶回覆了，我們才可以得到關鍵資訊，才能進一步去談判，這才是目的所在。

那客戶是不是會堅持不回覆呢？一般情況下，我覺得不太可能。客戶不回覆，沒有消息，往往都是有原因的。如果真的是你的產品太爛，或者價格太高、太離譜，或者他／她已經有了別的供應商，也完全會回覆一個客氣的郵件，表示以後有機會再合作，這也是一個常見的手法。

所以我想告訴業務員朋友的是，我們不能因為客戶收到報價後沒有回覆，催一下也沒回覆，就主動放棄了後續的 follow-up（跟進）。

要知道，**「跟進客戶」比開發客戶重要得多。很少有客戶一收到報價就跟你成交。有資料統計，大部分客戶都要被跟進六七次後，才會跟業務員談一些比較深入的細節問題。**

而跟進的技巧和水準，往往就要考驗業務員的能力了，這也是公司相當重要的附加價值所在。

　　附加價值這東西，不僅僅體現在產品上，也體現在人身上，是千變萬化的。

　　每個人的情況不同，每個公司的情況也不同，所以附加價值需要自己去打造，以用來爭取更多機會，獲取客戶更多的信任，而不能把所有關注點，都局限於包裝、顏色等外在的東西上。

　　要知道，業務員讓客戶滿意，這就是一種附加價值。公司讓客戶信任，這同樣是一種附加價值。業務員很專業，工作效率高，溫文爾雅，這同樣是一種附加價值。

　　兵無常勢，水無常形。

外貿業務員專業化的多項修煉

在外貿行業裡，Professionalism（專業）並非僅指對於產品的了解，而是對整個流程和所有工作中涉及的方方面面因素的一個整體概念。

知道自家產品和價格體系，算專業。
了解競爭對手和同行情況，算專業。
能夠用好英文電郵和口語，算專業。
可以自如談判和掌握節奏，算專業。
懂得測試標準和驗貨體系，算專業。
明白目標市場及銷售管道，算專業。
擅長提出方案並有效修改，算專業。
……
可見，專業這個詞本就代表一個廣義的範疇，我的理解是，它是對一個外貿業務人員的「綜合素質」的考量。如果僅僅認為自己對產品還算了解，偏「技術控」，就揚揚得意地覺得自己夠專業，那就太膚淺了。
本章會透過大量案例，以港台貿易商的軟實力作為切入點，來分析和探討在「缺乏價格優勢的前提下」，貿易商如何借助「全面的專業素養和能力」，在國際市場占據一席之地。

第一節 向港台貿易企業學什麼

在外貿行業做久了，中國內地的業務員慢慢會發現，許多歐美客戶的詢價、訂單都是通過中國香港和台灣貿易商轉過來的。中國內地的業務員很難直接接到歐美大買家的第一手訂單，往往都會通過港台地區貿易商轉一手。這中間環節的大部分利潤，無形中就被港台地區貿易商截留了。

有些朋友可能心裡盤算，我就是不信邪，我直接聯繫最終客戶，客戶直接從我們這裡拿到的價格一定便宜很多，一定能被爭取過來，直接下單給我們。這樣客戶的利潤會高一些，我們的利潤也能高一些。

當然，這種想法可能很多人都會有，也很正常，就是「節省中間環節」，然後分享利潤。這個想法看起來很美好，但是實際操作往往就會碰一鼻子灰。在不明白客戶的想法和具體要求的情況下，貿然撞上去，沒有機會是小事，因此而得罪了現有的港台客戶就是大事了。

相信很多朋友看到這裡都會有困惑，為什麼那些歐美的最終客戶，不直接下單給我們內地的貿易公司或工廠呢？為什麼我們不能主動聯繫這些客戶爭取機會？為什麼我們不能跳過港台地區那些貿易公司，直接跟終端客戶合作，然後分享利潤呢？

這幾個問題，看起來簡單，可實際操作卻千難萬難，有很多過不去的坎，有很多難以逾越的障礙。若要認真分析，恐怕幾本書都寫不完，我自己的經歷以及在香港工作多年的經驗告訴我，明白不代表可以解決，知道不代表可以處理，了解不代表可以應對。這裡我暫時把港台貿易商的優

勢，這種「軟實力」，總結成幾個部分來闡述，隨後在本章後續的內容裡，透過多種案例來分析和點評。

一、歷史因素造就了港台貿易的繁榮

這個歷史因素要從抗日戰爭說起。因為戰亂，許多內地企業家開始南遷香港，並帶去了大量的資金和人才，如今赫赫有名的「香港利豐」，當年也是因為戰爭，從廣州遷到香港的。

眾所周知，中國從 1978 年黨的十一屆三中全會後，進入改革開放時期，由計畫經濟向市場經濟體系轉型。一直到二十世紀九十年代，經歷過一系列的體制放開和人民幣匯改後，中國才進入外貿發展的高速時代，逐漸成為世界工廠。

所以說，在我們開始努力把產品全球化、出口海外的時候，其實港台地區已經先行了好多步，領先了好多年。這種深層次的經濟結構積累、產業積累、信譽積累，以及經濟和金融手法的靈活性，是港台地區貿易商至今依然保持的優勢，儘管這種優勢已經愈來愈不明顯。

二、跨國公司的最佳選擇

改革開放後，中國內地龐大的人口基數、低廉的勞動力、極具競爭力的價格、逐步完善的配套工業體系，卻是這些跨國公司所無法拒絕的。

跨國公司看到了未來的商機，看到了無數的潛在機會，看到了在中國內地投資、生產、採購、貿易，必然能獲得的豐厚回報，於是開始提前布

局，爲將來的某一刻進入中國內地市場做準備。這個「準備」，這個「橋頭堡」的最佳選擇，就是當時還處於港英政府統治下的香港。因爲香港距離深圳很近，能輻射到內地當時最發達的珠三角地區，又擁有亞洲主要的對外港口和自由的金融體系。跨國公司面向中國內地的所有貿易，都可以依託中國香港這個窗口來完成。

所以大量的歐美企業雄心勃勃，開始在中國香港成立分公司或代表處，招聘員工，爲將來進入中國內地市場做準備。這就使得中國香港的貿易商、代理商、採購辦事處的數量在那個時候瘋狂增長。

今天，大多數歐美企業開始直接進入中國內地，在北京、上海、廣州、深圳等城市成立辦事處甚至中國區總部，但由於過去的積累和商業考量，它們依然把中國香港地區的總部作爲大中華區總部甚至亞太區的總部。所以香港的貿易商能有今天，除了依靠自己的勤奮努力外，更重要的是靠那個時代所造就的機遇。

三、信譽和口碑的積累

畢竟比中國內地早起步幾十年，中國香港和台灣地區的製造業和貿易行業，已經過了最初的「低價競爭」的時代，在很多領域都開始參與深度的國際分工，擁有了自己的一席之地。所以對它們而言，已經過了「資本原罪」的階段，擁有足夠的受過高等教育的人才，有多年的客戶和產品積累，有長期的合作和信譽保障。

商業信譽和口碑需要長期的積累，不是短短幾年甚至十幾年就可以輕易改變的。這就好比你打算買黃金首飾，可能你首選的是周大福、周生生、老鳳祥、六福這些大品牌。你明知道它們的價格會略高於其他小品

牌，但是你依然會買，原因何在？就是對這些品牌的口碑和品質的信任。因為你相信它們，相信它們的產品，相信它們的承諾，所以才會心甘情願地支付略高於同行的價格。

很多客戶也是如此，他們沒有向中國內地的貿易商採購過產品，什麼都不了解。當有某個項目需要詢價的時候，在各方面條件類似的情況下，他們或許依然會優先考慮港台地區的貿易商，情願少拿一點利潤，也要換取自己的放心。

所以信譽和口碑的積累本身，就是一種無形資產。許多港台企業能歷經多次經濟危機而不倒，自然是因為其有足夠的積累去應對各種危機。而信譽和口碑往往是這些企業屹立和發展的基石。這種影響是無形的，是潛移默化的，能夠引導客戶的決策，極具殺傷力。

▎四、良好的商業形象和專業素養

每次一提到港台貿易公司、港台業務員，大家心裡面浮現的第一印象都是「很專業」。那為什麼會有如此正面的印象呢？其實沒什麼特別的，就是因為這些公司裡的業務員良好的職業素養、高效率的工作方式和抗壓能力，以及優秀的服務意識。

中國香港和台灣地區本身經濟發達，貿易行業的競爭無比激烈，已經接近白熱化的程度，要生存就只有讓客戶滿意；要讓客戶滿意，就要做好一切工作和服務。這本身就是一根鏈條，只要中間缺少一節，就會出問題。

所以，他們除了本身擁有的經歷、經驗、見識外，更重要的是平時的積累、對細節的把握、對服務的意識、對效率的重視，以及方方面面的努

力，最終在客戶面前樹立起「專業」的形象，使得他們在機會均等的情況下，容易優先獲得客戶的訂單。

這種「商譽」和「專業」，其實需要幾代人的積累和努力，不是一朝一夕可以完成的。所以當中國跟港台貿易商競爭的時候，更要打起十二分的精神，去應對他們的高效率和專業素養，還有客戶對他們的本能偏好。

上面這四點，構成了所謂的「軟實力」。不是他們不想具備「硬實力」，而是缺乏必要的條件。中國香港本地的工業早已衰退，已經向服務業和零售業轉型，所以缺乏本地的製造商，只能以貿易為主，發放訂單到中國內地和其他亞洲國家或地區。再加上香港人工成本高昂，辦公大樓租金昂貴，各方面成本都遠遠高於內地。所以香港貿易商，一定不會具備價格上的優勢，也不會具備生產上的優勢。既然「硬實力」沒有，那只能從「軟實力」下手和發展，這一方面是港人努力拚搏的香港精神使然，另一方面也是一種無奈的選擇。

再看台灣地區，雖然跟香港地區相比，算是有一些相關的產業鏈和製造業，比如傢俱行業、電子產品以及一些相對高附加價值的產業，但同樣受困於各種高昂的成本和費用，台商逐漸把製造業遷移到中國大陸以及越南、巴基斯坦、孟加拉和柬埔寨等國家和地區。經常跟台資工廠打交道的朋友可能會發現，他們的報價往往高於大陸的供應商，但他們突出的是更高的品質、完善的跟單服務、靈活的付款方式和 sales rep（銷售代表）的合夥人方式等。

總而言之，這種「軟實力」往往才是利潤所在，才是附加價值所在，才能一劍封喉、傷人於無形。你的成本是可以計算的，你的價格是可以比較的，但在客戶貨比三家的壓力下，其實價格可操作的空間非常小。所以我們要動腦筋在價格以外做文章，去打造別的優勢、別的競爭力。

我們現在環境不錯，中國內地地大物博，什麼產品都容易找到供應

商，什麼東西都可以做，但是這樣的「硬實力」，往往限制了我們的思維、限制了對「軟實力」的重視和發展。

　　試想不久的將來，當中國內地的人工成本和各種成本上漲到一定程度的時候，開始缺乏價格優勢，我們還能怎麼做？還能如何生存？還能如何跟歐美進口商和港台地區貿易商競爭？

毅冰說：

> 「軟實力」才是港台地區貿易商立足世界的不二法則。說白了，也就是「人」的因素。沒有價格優勢、沒有產品優勢、沒有成本優勢，他們有什麼？他們只能盡可能發揮主觀能動性，最大限度地把「人」的作用發揮到極致。
>
> 我不是要讓大家摒棄現有的「硬實力」，而是要知己知彼，知道你競爭對手會用何種招數來跟你競爭，從而儘量避免短處過短的情況發生，一方面揚長，一方面避短，完善自身，以綜合實力取勝。

第二節 「技」與「道」的思考

———

　　一篇文章，即便用詞優美典雅，各種修辭手法雲集，但內容空洞，沒有核心的內容，也稱不上是好文章。

　　一封郵件，遣詞艱難晦澀，用句匪夷所思，一方面單字用得很難，有一大堆冷僻詞；一方面句型複雜，子句套子句，光是拆分主幹都要半天。這是「炫技」，不是一封好的郵件。

　　所以我理解的「技」，是手法，是表現出來的方式；而「道」，則是思維，是內在和本來的東西。

　　工作也是如此。如果把精力都放在研究技巧、用一些小花招去吸引客戶上，而不注重內在的修為，自然是有失偏頗的。

　　我想到一個實際的例子。有朋友跟我抱怨，老闆總喜歡在展會上報低價吸引客戶，原因是展會上競爭激烈，同行太多，如果正常報價，可能客戶就聯繫別人了，因為別家的價格好。所以老闆的做法，往往是虧本 20% 甚至 30% 報價，如果客戶有興趣，後期業務員跟進會十分困難。因為老闆不會做虧本生意，業務員只能硬著頭皮找不同的藉口漲價。結果就是，大部分客戶都憤然離去，就此消失再無下文，業務員只能「淚眼迷離」、與客戶「相忘於江湖」⋯⋯

一、魚和熊掌未必可兼得

再舉個例子。開發客戶，大家覺得是「技」重要呢，還是「道」重要？實力和技巧，哪個更重要？或許很多人會說，當然是兩者都重要，最好是公司產品夠好，價格有競爭力，測試全面，驗廠無障礙，平台夠完善，支援夠強大，業務員夠專業、懂產品、英文跟母語無差別、談判水準一流……

想必這不僅是每個員工的理想，也是每個老闆的理想。很多時候，魚和熊掌不可兼得，要被迫取捨。可能老闆很喜歡專業業務員，但是他這個初創企業未必付得起三十萬元人民幣的年薪；可能很好的公司的確存在，但是你能力還不足，未必能讓對方看上。

可見，魚和熊掌不可兼得。很多時候魚和熊掌不是不可以同時存在，而是同時存在的「成本」太高，時間上貿易商也未必耗得起，所以不得不放棄一些東西，去維持一種「不完美」的平衡。

比如一個業務員，有沒有可能很懂某類產品，是某方面的行家？這個不難，只要在某一行業做久了，或者肯努力、有點小聰明，兩三年的時間，業務員就可以變得很出色。但是他有沒有可能在熟悉產品的同時，也了解成本核算和價格構成？有可能。一方面要多摸索、總結經驗，一方面終究可以了解一些公司內部的機密。那他英文有沒有可能也很好，口語流利，書面語溝通更加無障礙？這就開始有難度了。另外對於國際市場行情、當地政策法規的了解呢？

就更加困難了。如果還要有豐富的技巧和談判經驗，能老道地把握客戶心理，準確博弈呢？這就相當難了。

所以，業務員可能一個要素能滿足，兩個要素也還可以，但是三個、四個、五個要素逐個加進來，就愈來愈難辦到了。

不是說業務員不可能擁有上面的全部特質，而是真正能做到極其專業、英文水準一流、談判水準超強、服務意識很好的，絕對鳳毛麟角。這樣的人我相信有，但是數量不多，而且絕對是獵人頭或大公司爭搶的對象，或者自己本身就是創業型的人才——老闆。

　　一般的外貿業務員能做到這些嗎？理論上有可能，他的時間精力只要用到位就可以。但正是因為要耗費時間、精力，所以很多人等不起，很多人失去了信心，很多人沒有了耐心。那麼，最後成功的自然就是那一小部分人，這滿足了「少數法則」「二八定律」。

二、起跑線上的思考

　　問題來了，假設大家都在同一條起跑線上，平台都差不多，經驗和經歷也差不多，都是一兩年經驗，比一張白紙好不了多少，都是新進入一家公司，接近於從零開始，那應該從哪裡開始努力？有朋友就跟我說自己沒有方向，不知道怎麼下手，很想努力，很想做出點成績來證明自己，但苦於不知具體如何操作。還有朋友問，應該先學產品，把自己變得專業，增強實力？還是先練英語和談判能力，提高技巧，把自己變得擅於溝通？

　　這又是一個「技」與「道」的問題，相信每個人都會有不同的答案。畢竟每個人的工作背景和工作經驗的差異，決定了大家會選擇走不同的路。就如《三字經》開篇的「人之初，性本善。性相近，習相遠」一樣，這個問題本身沒有絕對的答案，也不存在錯與對的對立面。就好比那個困擾大家已久的哲學問題，先有雞還是先有蛋？

　　金庸的名作《笑傲江湖》裡有一段，寫的是華山派的氣宗和劍宗之爭。氣宗掌門認為，應把精力放在修煉內功上，以紫霞神功為基礎，增強

自己的實力，等內力修爲達到一定程度，自然會運劍自如，無往不利。劍宗的想法就正好相反，認爲應追求劍招的精妙，沒有必要在內功修煉上浪費時間，只要劍招博雜，就能在短期內成爲一流高手，壓倒對手。

如果套用到外貿工作中，這跟我們的想法何其相似。業務員如果把精力放在產品上，只要對產品夠懂，夠專業，能跟客戶談得很深入，別人一看就知道是行家，自然容易拿訂單；如果把精力放在溝通能力和談判技巧上，只要能侃、能糊弄，又有一口流利英語，自然能迅速拉近跟客戶的關係，至於細節嘛，無所謂，訂單拿下，利潤不錯，什麼都好辦。儘管「殊途」，但可「同歸」。

《神雕俠侶》中，金庸大師其實已經潛移默化地對這個問題做出了自己的解釋。楊過打開獨孤求敗的劍塚，看到了對方用的幾把劍。第一把是青光閃閃的利劍，「凌厲剛猛，無堅不摧，弱冠前以之與河朔群雄爭鋒」。第二把是紫薇軟劍，「三十歲前所用，誤傷義士不祥，悔恨無已，乃棄之深谷」。第三把是玄鐵重劍，「重劍無鋒，大巧不工。四十歲前恃之橫行天下」。第四把是已經腐朽的木劍，「四十歲後，不滯於物，草木竹石均可爲劍。自此精修，漸進於無劍勝有劍之境」。

可以看出，獨孤求敗每個階段的想法都有不同的變化，因爲人在變，能力在提升，所用的方法和手段就不一樣。到了使用重劍的階段，就是用實力壓倒對手，占據一切優勢，任何招數在重劍面前都沒有反抗餘地。最後開始使用木劍，就是返璞歸眞的時候，一切手段、實力都不重要，手中無劍、心中有劍，一切都源於自己的內心，隨時可以預見下一步，隨時會有新的想法，任何東西，順手拈來，都是武器。飛花摘葉，皆可傷人。這就是另外一種境界了。

三、外貿業務三階段

我一直都覺得，從事外貿業務的朋友們也需要經歷三個階段。

第一階段，「化繁為簡」。在複雜的外貿行業中，簡化一切細節，對流程和內容做出優化，找到適合自己的方法，提升效率和服務水準。

第二階段，「化簡為繁」。當對銷售工作有了獨特的見解，已經形成習慣性工作方式的時候，就有必要去充實自己，注意各種細節，換位思考。一個簡單的事物，可以衍生出很多不同的東西，看到別人看不到的，注意別人注意不到的，才能夠提升到另外一個層次。

第三階段，「化繁為簡」。當業務水準已經達到第二階段，已經很專業、非常了解市場和客戶，有豐富的談判技巧，就可以適時地再提升一下自己，把現有的東西進一步簡化了。因為本身所掌握的東西已經是精華了，經過再壓縮和再加工後，就變成了精華中的精華，效果不言而喻。業務員到了這個層次，就擁有最頂尖的水準了。

王國維在《人間詞話》中，曾把晏殊、柳永、辛棄疾的三句詞放在一起，比喻人生的三個階段，實在是大智慧，是暗合了一切的哲學命題。

先是「昨夜西風凋碧樹，獨上高樓，望盡天涯路」。說的是要明確目標方向，登高望遠，知道以後的路該怎麼走。把複雜的工作透過一個直觀的方向來梳理，自然是「化繁為簡」。

然後是「衣帶漸寬終不悔，為伊消得人憔悴」。意思是努力把手裡的工作做好，完善細節，各個環節都縝密思考不出疏漏，開始進入「優化細節」的階段，就是「化簡為繁」。

此後到了某一階段，驀然間發覺在某一刻，自身已經發生了重大變化，很多複雜的問題，很多頭疼的事情，一時間都融會貫通，都不再是困擾自己的難題，「眾裡尋她千百度，驀然回首，那人卻在燈火闌珊處」，

再次「化繁爲簡」。

四、我的經歷與選擇

若把「技」與「道」比喻成兩條不同的路，我當年走的，其實是第二條。

不是說我一開始就不想走第一條，而是因爲環境的限制。我當初在小貿易公司工作，各方面限制很多，在產品方面不是太專業，對國外市場和客戶的了解也不多，因爲接觸的人和事都太有限了。所以只能依靠提高自身的能力，挖空心思去做好自己來尋找出路。

後來，靠自學，我慢慢增強了第一條路的知識儲備，但這麼多年下來，還是更偏向於選擇走第二條路。我不是說前者不好，而是隨便說說自己過去的經歷，給大家分享一下。畢竟這個問題，還是仁者見仁智者見智的。

至於究竟怎麼解決這個哲學問題，就要看大家自己的努力和個人想法了，立場不同，處境不同，選擇自然就不同。

五、「道」可以是自身的魅力

如果用一句話來描述外貿工作中的「道」，我認爲就是「自身的魅力」。做銷售，跟客戶打交道，其實最難把握的就是「人心」。

客戶跟你合作，可能是因爲你的公司，可能是因爲你的產品，可能是因爲你價格特別好，未必跟你這個人有關。換言之，如果換個同事負責這

個專案，隨時都能輕鬆接手，那就說明你的「不可替代性」太弱了。

　　可如果客戶是因為你這個人，才跟你公司合作，那才說明你自身有魅力。這才是你真正的亮點，也是業務員本身最核心的競爭力──自己。

六、「技」可以是細節的把握

　　雖說有目標、有想法、有氣度、有魅力，但任何事情，還是需要去執行，各種手段、各種方式、各種技巧同樣不可或缺。

　　所以「技」的部分，除了我們固有理解中的「技術」(technique)「技巧」(skill) 外，還包含「探討」(discussion)「估價」(evaluation)「分析」(analysis)「產品資訊」(information)「語言」(language) 等。

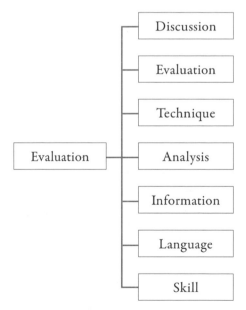

圖4-1　對於 DETAILS 的特殊拆解（New Expression of DETAILS）〔毅冰製圖〕

把這七個英文單字的首字母重新排列組合，就可以得到一個新的英文單字 Details，也就是「細節」。換言之，細節把握，往往決定了你的執行能力是否出色。

> **毅冰說：**
>
> 　　哲學化的命題，並非要完全用哲學的思維來處理，而需要結合自身現狀，找到適合自己的發展道路。俗話說，「兩手都要抓，兩手都要硬」。然而很多時候，在自己不夠完美的情況下，我們可以嘗試著去實現相對的完美，保留一些缺陷，但更多的是發揚自身的優勢。
>
> 　　思維方式的塑造、執行力度的控制、細節部分的把握，缺一不可。

第三節 思路決定出路

　　近些年其實外貿並不好做。從 2008 年的金融危機，到後來的歐債危機，再到如今的全球性外部需求萎縮，外部大環境的壓力是顯而易見的，很難再去消化國內製造業這些過剩的產能。

　　而目前大部分的外貿出口企業，還維持在一個簡單的供求關係架構之下，沒有太多的核心競爭力、產品特點和市場優勢，一旦同質化競爭嚴重，必然會陷入價格火拼這個惡性競爭的怪圈，結果就是一波又一波的企業倒閉。

　　可見目前的狀況下，大部分公司都是很脆弱的。今天訂單不錯，或許明天客戶就轉單了；今天利潤不錯，或許明天就陷入虧損；今天現金流充分，或許明天資金鏈就遭遇斷裂。大家今日不知明日事，做事自然就更加謹慎，可一旦各個環節加強風控，往往又會引起很多客戶的反感，這個度就變得很難把握。

　　一個直接的例子就是，原先做 60 天遠期付款的老客戶，因為碰到幾次其他客戶違約，就開始對老客戶收緊付款方式，要求改為信用狀，甚至即期的電匯。這樣一來，很多老客戶就容易離心，覺得你不信任他，覺得你破壞了長期以來良好的合作關係……

　　可你若不這樣做，那風險就幾乎全壓在了自己公司身上，一旦出問題，可能就是致命的，就會被擊倒再也起不來，一切都是未知數。

　　我們自然會糾結、會擔心、會疑惑應該如何去應對當前的大環境，如

何去應對愈來愈脆弱的供應鏈和資金鏈。

我個人覺得，在回答這兩個問題之前，我們先要從中國國內出口企業的現狀來分析，然後總結出一條適合自己的路。

一、外貿工廠的現狀

許多出口企業本身就是工廠的模式甚至工貿的模式，這裡我們不討論孰優孰劣，僅根據筆者自身的經驗來分析一下外貿工廠當前的現狀。這裡面最大的問題，就是產能不穩定。

大環境不穩定從而導致大部分外貿工廠或工貿企業的訂單極不穩定。大單來了，工廠產能有限，完成不了，只能無限制拖延交貨期，還會因此連累其他客戶的訂單往後延，損害了自身的信譽；大單不足，又會導致工廠的大部分產能被閒置，老闆花錢養著工人，承受著工廠每天的各種營運成本和損耗。

所以企業主陷入了一個兩難處境。維持小規模和低成本運作，那生意就做不大，未來發展處處受限；若是擴張產能，增加廠房、設備、人員，那開支就直線上升，成本激增，一旦碰到個天災人禍之類的，訂單減少，車間裡都能跑老鼠了，工人每天沒什麼活幹，收入就少，自然就會離開，老闆又要重新招人，又進入這個規模控制的怪圈，無比頭痛加煩惱。

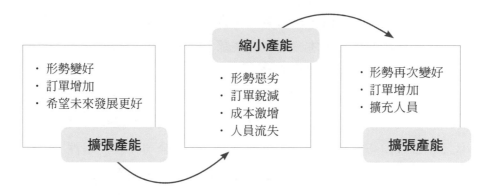

圖4-2　外貿工廠的產能調整（The Scale Adjustment of Factory）〔毅冰製圖〕

　　所以產能不穩定，國際形勢不穩定，訂單不穩定，就成爲了外貿工廠營運和發展的大難題。

二、貿易公司的現狀

　　那是不是貿易公司就好很多呢？畢竟在成本上，貿易公司比工廠要少許多。可事實卻未必如此。

　　首先，貿易公司有個先天的弱點，容易讓客戶覺得中間商在價格上沒有優勢。哪怕貿易公司有常年合作的工廠，但是許多新客戶不知道你價格好，這種本能的觀念，很多時候就會使客戶的採購方向有傾斜，在詢價和尋找供應商的時候，會不自覺地向外貿工廠傾斜。

　　其次，大的貿易公司同樣面臨著高成本的壓力。其擁有龐大的團隊和大量的員工，各種管理成本和營運費用相當不菲。或許三十個業務員要維持幾百號人的公司的營運，各種開支當然就無比龐大，價格劣勢重重，畢竟「羊毛出在羊身上」。另外，大公司的通病就是人員繁多造成的機構臃

腫，可能一個簡單的報價，也需要重重審批，好幾個主管簽字，等全部搞定再去應付客戶的時候，才發現黃花菜都涼了。結果業務員一次次的心力交瘁，那種無力感往往不可對人言。

再次，哪怕是小貿易公司，表面上成本壓力很小，營運團隊和管理人員人數也少，可以非常靈活，可以降低價格去爭取很多機會，可以去做一些小訂單去維繫和開發新客戶。可反過來看，小公司在客戶眼裡，信任度和積累往往都不夠，他們對你能否勝任供貨的工作，能否控制好品質，能否控制好交貨期，往往都帶有疑問。說句難聽點的，你兩三個人的公司，如何讓我信任？可能你吹得天花亂墜，說自己多厲害、多專業，但是我幾萬美元定金交過來，要是你們跑了，公司就此人間蒸發，我找誰哭去？打跨國官司這事往往是賠本賺吆喝，打贏了也要損失巨額律師費。

這就是當前貿易公司的現狀。貿易公司也許「看上去很美」，可身在其中才冷暖自知。不知道有多少在貿易公司工作的朋友抱怨開發客戶很難，抱怨客戶喜歡找工廠合作，抱怨自己在價格上毫無優勢，抱怨公司內部混亂、主管不作為，抱怨老闆是個笨蛋等，然後毅然決然跳槽去工廠工作，然後又是新一輪的問題加新一輪的抱怨，然後繼續跳槽，繼續搖擺⋯⋯

三、港台貿易公司啟示錄

很顯然，這些問題都是存在的，不管是內部原因還是外部原因，我們都不得不去面對，逃避是不可能解決問題的，而且會不斷有新的問題產生。**工作本身，其實就是處理和解決各種問題和麻煩的過程，這條路不會有終點，我們只會一直在路上。**

在探討出路之前，我希望先通過港台地區、韓國、新加坡貿易轉型的案例，來研究「思路」的部分。因為這是先與後的問題，先有思路，再執行，然後才會有出路。

畢竟這麼多年以來，大家都在根據時代的變化而變化，很多東西是沒法抗拒的，只能去適應，去擁抱。香港和台灣地區，曾經也一度透過製造業的輝煌提振出口，拉動經濟高速成長；但由於人工成本的上升和各種資源的變化以及後來的經濟危機，不得不透過轉型和產業遷移來完成後外貿時代的發展。

案例 4-1

亞洲四小龍的貿易轉型 （Four asian tigers trading transition）

從二十世紀六十年代開始，整個亞洲的製造業發展和外貿出口，都是從香港、台灣、韓國以及新加坡開始的。他們大力推行出口導向型製造業，以服裝、面料、玩具、電子產品、工藝品等勞動密集型產業為主，一度被外界驚歎為「亞洲四小龍」，成為整個亞洲最富裕的國家或地區。

我國香港地區，從二十世紀六十年代開始，就以紡織品和玩具製造出口見長，這些都屬於勞動密集型產業，需要大量的人工。後來，經濟的發展導致包括人員工資在內的各種成本上升，直接壓垮了香港的製造業，使其不得不進行變革，因為不改革就一定沒有出路。

但是改革沒有那麼容易，產業升級也不是說說就可以的。所以香港的外貿出口，其實經歷了不少波折和困難。香港一方面北望內地，從二

十世紀八十年代開始把工廠內遷廣東，透過成本優勢依然牢牢占據著國際主流訂單和客戶；另一方面在設計和供應鏈上下功夫，外貿行業從製造出口逐漸向貿易和服務型出口轉型，勉強完成了外貿行業的轉型。

為什麼說勉強？是因為這其實並非最合適的選擇。依託內地的勞動力成本優勢北遷工廠，香港的確緩解了製造業的大衰退形勢，但這只是延緩，而並非真正意義上的轉型。郎咸平先生就指出過，香港其實在二十世紀八十年代失去了往高端製造業轉型的機會。因為有內地這個獨特優勢，香港北遷工廠，把製造業轉移到廣東依然可以活下去，但卻失去了往高端製造業轉型的迫切動力；因為沒有到生死攸關的那一刻，所以失去了往技術密集型和資本密集型發展的寶貴機會。

但不管怎麼說，如今往服務型貿易轉型，也不失為一條出路。所以，現在中國香港地區有很多外商的亞洲採購辦甚至亞太區總部，很多本地貿易公司也開始更多地參與海外併購、設計研發、物流管理、環節優化等，從而占據了產業鏈的多個環節。

台灣和韓國就與我國香港地區的情況不太一樣了。台灣雖然過去也以勞動密集型產品出口為主，可經歷了一系列工資上漲及成本危機後，開始往高附加價值的產業轉型。那時，台灣大力發展電子產業，把過去積累的出口外匯用於 IT 行業，最終成功轉型為高端製造業，在國際供應鏈中占據了一個重要角色。而韓國在往高端製造業轉型的過程中，因為缺乏成本優勢，國內資源相對匱乏，而技術積累上又遠不及鄰國日本，所以選擇的道路是技術與設計並重，讓「韓國製造」漸漸成為了一種特色和時尚。

新加坡又是另外一種模式。新加坡本身國土面積狹小，缺乏資源，

可它的地理位置無比優越，占據了麻六甲海峽這條東南亞最繁忙的航道。

所以在成本優勢漸漸失去的時候，新加坡開始大力發展服務型貿易，透過一系列優惠政策吸引外資在新加坡建立物流、貿易等公司，輻射整個亞太區，甚至一度挑戰了中國香港的亞洲金融中心的地位。

所以亞洲四小龍之所以能夠抵禦住 1998 年亞洲金融危機，就是因為在這之前已經成功轉型，也才維持住了經濟的增長和貿易的持續發展。

我們回過頭看，如今內地的外貿情況和當年的香港何曾相似！內地貿易最發達的珠三角和長三角地區，已經開始出現出口萎縮和工廠倒閉的情況，製造業的資金鏈嚴重吃緊，一旦失去銀行支援，整個東南和華南的出口貿易都將受到嚴重打擊。當年港商選擇的是北遷製造業，而現在長三角和珠三角的許多工廠同樣選擇了北遷或西遷。北遷，是把工廠往勞動力成本相對低廉的河南、河北遷移；西遷，是遷移至中部和西部地區，以獲得暫時的喘息機會。

我們不由得會想，中國經濟持續發展，未來的若干年裡，各種成本上升已經成了必然，到那個時候，利潤更低，競爭更激烈，生存更艱難，我們還往哪裡遷？中國足夠大，因為地區之間的發展不均衡，有足夠的戰略縱深，所以發達地區的製造業可以暫時遷移到相對落後的地區。可問題是這種遷移擺明了就是飲鴆止渴，能維持多久？三年？五年？到了中西部地區也依然無法維持加工貿易的低價和薄如紙片般的利潤的時候，我們再考慮轉型，再開始找出路，恐怕就來不及了。

所以我個人覺得，有問題，有麻煩，形勢惡劣，不一定完全是壞事，至少可以讓我們少一份浮躁去正視現實，去靜下心來思考未來的出路在哪

裡。大到一個行業、一個領域，小到一個公司、一個個人，都需要去想，我的出路在哪裡？我如何去給自己打出一片未來？

辦法是人想出來的，出路是自己找的，而不是別人施捨的。沒有人能告訴你未來該怎麼走，只有靠自己去規劃、去思考、去嘗試、去努力。我們如今碰到的問題，其實很多年前，港台同行們都已經碰到過，但是他們都透過不斷地嘗試來完成了轉型。

香港貿易商的轉型：原先的角色是採購，現在開始更多地參與海外併購、設計研發、物流管理、環節優化等。

台灣貿易商的轉型：原先依託台灣本地的產品，現在更多地投資大陸，節約成本，優化生產環節，提高品質，以質取勝，以服務取勝，在國際上占據了一席之地。

如今我們大陸的貿易商，為什麼不可以在這個階段去嘗試不同的發展方向呢？**思路決定出路，只要去嘗試，前方就一定不是絕路；只要在往前走，前面就一定會有新的機會。**

成本高，沒錯。可能否透過品質、服務、效率、專業來彌補？

利潤低，沒錯。可能否透過產品升級、包裝升級、優勢輸出來化解？

一切不可能的事情，多動腦筋，多想辦法，就未必「不可能」，或許就變成了「不，可能！」

毅冰說：

　　思路決定出路，大環境的變化，產業的變化，同行的變化，往往都需要讓自己去適應、去擁抱、去主動迎接。整個外貿行業，本沒有長期有效的模式和方法，必須因人而異、因時而異。

　　天時、地利、人和，要三者兼得顯然不現實。二十世紀九十年代的外貿黃金時代屬於「天時」，那時候哪怕自身能力再差、條件再爛，也容易做好外貿；後來的十多年時間屬於「地利」，中國經濟高速發展，各種環節和產業鏈逐步完善，再加上低廉的人工成本，同樣有很大機會把外貿做好；但是從 2008 年金融危機以後，外部環境惡劣，國際需求銳減，再加上國內的各種製造業成本上升和南亞、東南亞出口企業的價格競爭，外貿行業難上加難。這個時候，失去了天時和地利，唯一的途徑，就是占「人和」。

　　這就需要我們去動腦筋，去打開思路，從自身找答案，如何在國際競爭中更加出色，如何在國際分工中分一杯羹，如何讓中國製造持續在國際上占據重要地位，這就是我們這一代人需要思考和行動的。

　　當然，這種「人」的轉型，跟產業的轉型一樣，需要一個長時間的積累，而不能一蹴而就。在下一章裡，我們會延續這個話題，從國內業務員普遍缺乏的閃光點著手，來探討外貿業務員如何提升內在能力。

第四節 正視癥結，解決問題

這裡我們要接上一節的內容來思考一個問題，姑且不論外部因素和背景，只論個人能力、工作習慣和思維方式，中國內地業務員相比歐美進口商甚至港台地區的業務員，究竟差在哪？

我們需要思考的，是我們跟同行的差距究竟在哪裡？只有找到問題，才能想辦法，才能找出路，才能研究破解之道。知己不知彼，做生意就會困難重重。更可怕的是，很多業務員不但不知彼，連自身的情況都不知道，談判的時候稀裡糊塗，跟進的時候稀裡糊塗，一筆糊塗賬，能否拿下優質客戶只能靠運氣。而這恰恰是目前大部分業務員的現狀。

在筆者看來，這些問題，可以用七句詩來總結。

一、莫道昆明池水淺，觀魚勝過富春江

常常有很多朋友抱怨自己公司不好、產品不好、價格不好、平台不好等，但我想說的是，這是沒有用的。曾經看過一句話，忘了是誰說的，但是讓人很有感觸，「最沒用的兩樣東西就是眼淚和抱怨」。

因為在商場上，客戶不會因為你的眼淚和抱怨給你下單，跟你合作。爭取訂單靠的是專業和能力，而不是對方的施捨。在商言商，大家考慮的，一定是利益。雖然長期的合作、交情、人情往來會有一定的作用，但

是客戶考慮跟某個供應商合作，一定是經過了一個綜合考量的過程。

我想告誡業務員們，不要妄自菲薄，因為你不能去揣測每一個客戶的偏好。所謂青菜蘿蔔各有所愛，本來就是有道理的。你喜歡 iPhone，不排除別人喜歡 Samsung（三星）。你買車考慮性能，或許別人買車只看內裝。不能以自己的經驗去猜測或者判斷別人的偏好，那是沒有任何意義的。

公司不大，或許團隊很靈活；產品一般，或許服務很到位；價格不好，或許交貨期特別準。任何時候，都要打造自己的競爭力。存在弱點沒有錯，誰都有弱點，但關鍵是要秀出自己的長處，讓別人知道你的優勢和特點，進而做需求探討，這才是銷售的基本思維。

（注：詩出毛澤東七言律詩《和柳亞子先生》）

二、白日登山望烽火，黃昏飲馬傍交河

從這句詩中，我首先看到的就是「效率」，一天從早到晚完成了各項不同的工作，進展神速。很多時候我們最缺乏的就是「效率」，總是把很多事情往後推，把很多郵件往後擱置，明明上午可以完成的非要下午做，明明當天可以解決的非要明天處理。

結果就是，在本能的拖延症和偷懶的大思維體系引導下，我們失去了很多寶貴的機會。你可以慢，但是別人或許很快。你效率低，或許別人第一時間就搶下了機會。俗話說「機不可失，時不再來」，說的就是抓住機遇的重要性。

客戶詢盤來了，為什麼不能第一時間回覆？或許客戶的問題你沒法立刻回答，那為什麼不先給個快速回覆，告訴客戶郵件已收到，大致需要多少時間給予答覆呢？一個很簡單的事情，一個很小的細節，考量的也是業

務員的素養、應變能力和專業程度。

　　不是說愈快愈好，不是說趕進度就好，但是必須不拖延、不拖拉，簡單、直接、乾脆，不造成誤解，一步接一步，一環扣一環，這才是業務員身上應該具備的重要閃光點。

　　（注：詩出李頎樂府詩《古從軍行》）

三、莫愁前路無知己，天下誰人不識君

　　在多年的工作經歷中，我發現很多時候，業務員們不是不努力，而是有一種莫名的「從眾心理」，喜歡去看別人怎麼做，哪怕別人的做法不可取，但是大多數人都這麼幹了，自然而然會覺得我也可以這麼做，我也可以無所謂。

　　舉個不恰當的例子，很多朋友會去國內外參加各類展會，按照過往的習慣，往往是先收集客戶的名片，再把名片訂在一個本子上，簡單記錄客戶的需求和要點，等展會結束後，回公司再開會討論展會戰果，然後陸續跟進這些客戶，爭取機會。

　　這個做法有問題嗎？或許沒有，也或許有。說沒有，那是因為大部分業務員都遵循這個思維，而且他們身邊的同事、上司、老闆都這麼幹，他們自然覺得按照這些人的做法總是沒錯的。而事實上，這的確是一直以來的展會開發模式，能用到今天，也算前人留下來的寶貴招數。

　　說有，那是因為今時不同往日，如今的外貿行業已經不像二十年前那樣賺錢如「撿錢」一般輕鬆了。當年或許隨便參加一次展會，都能訂單滾滾來，客戶們蜂擁著跑來下訂單，生怕來晚了你不賣給他，都哭著喊著拿支票給你，價格隨便報，只要不過於離譜都沒問題。可如今供需關係顛倒

了，競爭無比激烈，幾乎所有產品在中國和其他亞洲國家都可以找到大量供應商，客戶選擇的餘地很大，任何產品都可以貨比三家，都可以到處壓價，根本不存在無貨可買的情況。所以我們如果還按照老辦法、老規矩來應對當前的競爭，顯然是有問題的。

所以很多朋友會抱怨說如今展會效果差了，客戶價值低了等。我想說，**展會還是那些展會，客戶還是那些客戶，需求永遠存在，市場永遠存在，你之所以覺得很難做，是因為自己抱殘守缺、思維守舊、行動遲緩，最終導致競爭力下降。**大部分人或許的確會按照老方法來做事，但是如果你改變思維，當晚就給客戶報價，第二天就讓工廠安排樣品快遞到飯店，第二天晚上就約客戶詳細討論細節、確認樣品和重新探討價格，或許第三天就已經拿下訂單。而這個時候，大部分同行或許還在樂滋滋地數名片，心裡止不住地得意著，「今天收穫不錯啊，三十多張名片」。

可見，**真正的問題是自己的思維方式。我一直覺得，如果大部分人都這麼做，我就要好好想想了，如何讓自己跟別人不一樣，比別人多走那麼一小步。**從眾，很多時候是沒有錯的，但真理往往掌握在少數人手裡。任何行業，任何產品，做得好的永遠都是少數，不是嗎？

莫愁前路無知己，別人不跟你一條路，並不代表你一定是錯的。或許當你這條路走穩了，抄襲、模仿你的會前赴後繼。那個時候，就是「天下誰人不識君」了。

（注：詩出高適七言絕句《別董大》）

四、似此星辰非昨夜，為誰風露立中宵

每次讀清朝黃景仁的《兩當軒》詩集，最愛的都是這兩句。

我這裡想表達的是「走心」（編按，意指用心，打動人的內心）。說白了，就是打情感牌，透過感性的手段讓客戶讚歎，進而滿意，甚至感動。

比如說，客戶寫郵件給你，每次都能當天收到回覆，哪怕不能即時解決問題，也能收到類似於大致什麼時間能得到準確答覆之類的 quick reply（快速回覆），客戶往往就會讚賞你的專業和效率。

若是再進一步，當客戶知道因為時差關係，你這邊的時間是午夜，已經做好第二天再收到你回覆的心理準備的時候，居然出乎意料地收到了你的郵件和報價！一次、兩次他會覺得你跟別的同行不一樣，相當專業、敬業，很尊重他；時間長了，自然而然就會被感動，就會感受到你對工作的認真，就會透過比較覺得你比別人強很多。

或許你的產品不是最好的，你的價格不是最佳的，但是你的服務意識，你對他的重視，對他工作的支持，已經足夠讓他感動，足夠讓他感受到你的付出。

案例
4-2

我當年的工作經歷（My working experience）

我做業務的時候，每天都是 18 小時待命，除去 6 小時左右的睡覺時間，平時哪怕下班，手機和電腦都同樣開著，隨時處理客戶的郵件和電話。目的就是一個，讓客戶覺得我足夠認真，讓客戶覺得跟我做生意不會有被「晾著」的感覺，讓客戶覺得我是真心把他放在第一位而不只是說說而已。

曾經有一次，凌晨三點多我口渴起來喝水，順便拿出 Blackberry（黑莓手機）看了下郵件，還真發現有一個美國進口商詢問一個樣品的

包裝，順手就回覆了一下，告訴他彩盒包裝和雙泡殼包裝的價格差別是多少。而那時，美國的時間正好是下午三點多，正是工作最繁忙的時候。

結果第二天醒來，收到這個客戶的郵件，在回覆內容的同時，還用圖把我回覆郵件的時間給圈了出來，打趣說我是 superman（超人），進而表示訂單今天就會下，不是因為我價格好，而是因為我敬業，這讓他覺得跟我合作會很放心。

其實這只是一個很小的細節，但是往往這種不經意間流露的東西，才最容易走心，最容易真正去打動客戶。真正的感動不在於你做了一件多大的事情，而在於細水長流，在於點點滴滴的積累。

（注：詩出黃景仁七言律詩《綺懷》其十五）

五、一語天然萬古新，豪華落盡見真淳

這裡要說的是電子郵件的問題。

我們常常喜歡用一些複雜的句型和詞彙，或許是因為多年應試教育養成的習慣。英語作文要拿高分，就必須把各種語法、子句、詞彙、片語糅合起來做一篇四平八穩的「八股文」。這給我們的外貿工作樹立了一個壞榜樣，人為地把一些簡單的表達給複雜化了。

其實這些都是沒有必要的，因為外貿工作的本質，談判的核心，是需求探討，是溝通，是解決雙方的問題，而不是秀自己的英文水準，不是作文考試。可以用一句話寫清楚的，不需要寫一大段；可以用一個簡單詞彙

寫明白的，不需要用複雜的複合詞或者高冷的單字。這樣做沒有任何意義，反而會產生反效果，容易造成對方的誤解。

試問，當你工作很忙的時候，收到一個英文郵件，通篇冷僻複雜的單字，你要一個一個去查字典，弄清楚意思後才能回覆。不幸的是，對方再回覆過來，又有很多複雜的單字。明明一個 about 可以表達的，非要用 approximately；明明可以用 because，非要用 as a consequence of；明明可以用 during 來表示時間段，非要來個 for the duration of，實在能讓很多非英語母語的客戶們欲哭無淚，也讓很多英語母語的客戶覺得厭煩。

因為**商務談判，需要的是簡潔、直接，不造成對方誤解，不浪費對方的時間，也不浪費自己的時間，效率第一，時間就是金錢。**

我們寫郵件也好，打電話也好，跟客戶當面溝通也好，都要遵循這個原則，就是把複雜內容簡單化、條理化，「簡潔」「簡潔」「再簡潔」。

（注：詩出元好問七言絕句《論詩三十首》其四）

六、楓葉欲殘看愈好，梅花未動意先香

還有一個問題，就是不要主觀去揣測客戶的意圖！這除了讓自己疑神疑鬼外，毫無實際意義。有些朋友給客戶報價的時候，往往客戶還沒說什麼，自己就已經沒了底氣，對方一說價格貴，或者一說要比較一下價格再決定，就連忙降價 20%。客戶會掏錢嗎？我覺得只會產生反效果，本來要下單的都變成觀望了。

很多時候，我覺得不要隨意去懷疑客戶，也不要輕易去懷疑自己。該堅定的時候要堅定，該堅持的時候要堅持，該放棄的時候同樣要果斷放棄。

做外貿就是這樣，**從客戶一個隨意的詢價，你往往是無法判斷其底線**

的，也不可能判斷眞假。客戶砍價有很多種可能性，不見得就是因爲價格高。那可能是一種談判策略，可能是得了便宜還賣乖，可能是爲了套出你的底價來回過頭砍他的老供應商，一切都有可能。

隨便舉個例子，一個女孩子去專賣店試了一件連衣裙，說顏色不喜歡，沒買。眞的是因爲顏色問題嗎？可能是因爲價格太高，連衣裙標價3,688元人民幣，新款只打九折，她覺得貴，找個理由來推託；當然也有可能是眞的不喜歡這個顏色，穿上身覺得不顯膚色。

那如果她直接問店員，「價格太貴了，有沒有別的折扣或者會員價之類的」，可能就是眞的覺得價格高於預期，如果沒有大的折扣或許就不會買；也可能是一種砍價策略，希望借此得到更好的價格；當然也可能是價格完全可以接受，但是想試試能否得到更大的優惠，能多占點便宜，爲什麼不呢？

我們再反過來看，店員會完全糾結於顧客說價格太高這個問題嗎？那就未必了。他可能就會告訴對方，「我們裙子的材料……品質……我們的價格已經很優惠了……我們的品牌……我們平時幾乎從不打折……我們金卡會員本身的折扣才……我們現在給你的折扣就已經……」，肯定是這樣的套路。而不是客戶一說貴，馬上就降價，那就掉價了，也就根本不需要業務員了，直接來個客服就行了。

所以在我看來，**任何客戶，任何詢價，任何專案，任何機會，只要按部就班談判就行，不要輕易被打亂陣腳，也不要隨意亮出底牌。**眞心有需求的，一定會選擇性價比合適的供應商，一定會貨比三家選擇對自己更合適的合作方，這個很正常。如果客戶要的產品跟你的東西完全不一致，或者看起來相似但實際上不同，何必介意呢？你賣的是奧迪（Audi），對方的目標是奧拓（Alto），你覺得能成交嗎？一般不太可能。你賣的是寶來（Bora），對方卻需要寶馬（BMW），你的低價策略會有效果嗎？或許根

本沒有吸引力。

你賣的是自行車，推薦給客戶的優勢或許是綠色環保，適合健身，方便出行，價格有競爭力，品質不錯，但可能對方真正的需求是買幾輛曳引機給他的農場使用。你的方案會有效嗎？毫無價值，因為這個客戶不是你的目標客戶。

所以我希望告誡大家的是，不必要的揣測和猜疑可以拋棄了。**做生意，首先要對自己有信心，對自己的產品有信心，然後才能在談判中擁有所謂的「氣場」。**

楓葉欲殘看愈好，梅花未動意先香。一切都有可能。

（注：詩出陸遊七言律詩《初冬》）

七、竟將雲夢吞如芥，未信君山鏟不平

這裡要講的，是「決心」的問題。**很多時候不是客戶放棄了你，而是你自己失去了信心，放棄了自己。**

接到一個詢盤，客戶預期訂單數量很大，業務員覺得自己是貿易公司，無法拿下大單，客戶一定會跟工廠合作。

接到另一個詢盤，客戶是知名大買家，業務員覺得客戶一定要求極高，要驗廠，要各種各樣的測試報告，自己要投入很多成本和金錢來開發這個客戶。

所以很多時候，從一開始，甚至還沒有開始，我們就已經打了退堂鼓，已經退縮了，沒有全力以赴地去爭取機會，只是有一搭沒一搭地回覆客戶郵件、報價、跟進而已，內心已經不抱希望。試問這樣的狀態，如何成功呢？

心態放平是好事。得之我幸，失之我命，我覺得是需要建立在努力過的基礎上的。不管客戶是誰，要求多高，不管過程多曲折，都要盡十二分的努力去拚一下，而不是一開始就主動放棄！

在外貿行業，本沒有特別嚴格的「門當戶對」，大買家會跟小公司合作，小客戶也會跟大工廠做生意，一切都有可能。所以不要太拘泥於所謂的「機會不大」，沒試過怎麼知道呢？窮小子也能追到美女，這類案例太多太多了，不去嘗試，就一定沒有機會。

再說，「放棄」這個東西有很大的感染力，容易在職業生涯裡造成心理障礙。你只要放棄過一回，以後碰到類似的問題，就總會想著打退堂鼓，總告訴自己這個機會拿不到。這就像心理陰影，會一直伴隨自己的職業生涯。我覺得，最好的辦法就是去面對它，去挑戰一下，可以輸，但就算輸也要輸得明白，要從中學到東西，要從中收穫到自己該收穫的東西，而不是輕易放棄，結果什麼都沒有，還打擊了自己的信心。

（注：詩出曾國藩七言律詩《歲暮雜感十首》之四）

> **毅冰說：**
>
> 本節講述的，是外貿業務員們普遍缺乏的閃光點，分七個方面來闡述，供所有外貿朋友對號入座，自我反省之用。
>
> 很多時候我們無法透過身邊的人了解自己的缺點，因為大多數同行，或許都跟自己差不多，能夠自省的太少了。我們要瞄準的，必然是那些遠勝於自己，在行業金字塔尖的同行，在巨大的差距下，才有巨大的提升的動力。
>
> 少一個缺點，就等於多了一個優點。

第五節 此「專業」非彼「專業」

　　很多朋友聽到「專業」這個詞，總會第一時間聯想到產品。腦中自然而然會覺得，很懂產品，就屬於「專業」的範疇了。會覺得在跟客戶談判的時候，能說出一些技術性的術語，或者看似很高深的一些單字，就很厲害、很專業。這只是一個狹義的理解，實際上完全不是這樣的！

　　我舉個例子，或許你從事紡織行業五年，做了五年的銷售，是公司的業務經理，對自家的產品相當懂，知道材料、包裝、工藝、價格，已經可以算很努力、很出色了。但是我想補充的是，你對產品再懂，你有工廠的工程師懂嗎？有專業的技術人員懂嗎？顯然沒有，也沒有必要有。所以我眼中的專業，是一個整體概念，是你整個人對外的形象，是外界對你這個人的整體感覺和評價，是買手眼中你這個業務人員的整體素養。

　　再說得直白一些，就是只要客戶覺得你挺厲害的，挺懂行的，願意跟你交流，願意跟你溝通，就足夠了，就可以稱得上「專業」了。

　　我想說的此「專業」非彼「專業」。我理解的是，一個專業的業務人員，除了最基本的懂產品外，還需要懂市場、懂談判，了解同行，明白需求，知道測試，明白客戶在意哪些地方，懂得如何投其所好，知道客戶擔心哪些問題，明白自己的優勢在哪裡……

　　總之，當客戶每次跟你接觸的時候，都會覺得大有收穫，都能覺得從你這裡學到了不少東西，都會有哪怕些許恍然大悟的感覺，哪怕暫時因為種種原因沒有合作，也不影響客戶跟你的聯繫與接觸。能做到這些，才算

得上廣義的「專業」。所以這屬於一種職業素養，是由內而外的，就如同我們所謂的「相由心生」，差不多就是這種感覺。

這就要求業務員必須內外兼修，而不只是學幾句英文，能用英文郵件基本溝通，了解一些產品且能報個價這麼簡單。

因為在這背後，更多的是對思維方式和細節的考量，是對於大局的把握和對談判節奏的控制。很多細節的背後，體現的是一個人的職業素養。這背後有大學問，而不是表面看起來那麼簡單。

世事洞明皆學問，人情練達即文章。

很多你忽視的小地方、小細節，你覺得無關痛癢的東西，覺得沒那麼重要的環節，可能就是決定成敗的關鍵因素。我們有句話叫「千里之堤，潰於蟻穴」。有時你失去一個客戶，不是你做得不好，或許是一些小地方，同行比你做得更好。

兩強相爭勇者勝，兩勇相爭智者勝。那兩智相爭呢？一方面需要平常心，一方面就是看誰先犯錯。這個「犯錯」，就是對細節的把握，很考量一個業務員的專業和能力。

可能有朋友會說，我很多訂單拿不下，是因為公司產品一般、價格不夠好，是因為沒有別的工廠報價便宜，客戶一上來就砍價，就拚價格，我做不到，我做不下來，所以拿不下訂單。潛意識裡就認為，是客戶對於價格要求過低，而己方無法滿足對方要求，才失去了訂單。

如果這樣想，那就真的大錯特錯了！這絕對不是一刀切那麼簡單。

客戶不選擇某個供應商，往往是有多方面原因的，這需要綜合考量。客戶選擇了更加合適的供應商，未必僅僅因為你的報價高 5 美分，也未必是因為你是貿易商而不是工廠。

如今甚至未來，在中國人口紅利逐漸消失的情況下，能夠維持外貿競爭力的唯一法則，就是「提升」。不僅要提升產品，還要提升服務，更要

提升你自己。

　　「吸引客戶」「讓客戶覺得跟你合作有利可圖」「讓客戶依賴你」「讓客戶喜歡你」，這些才是未來外貿合作開發的主旋律。而業務員在其中的角色，應該是一個「專業的、值得信賴的生意合夥人」。能做到這一點，才能在競爭中比別人多走幾步，真正做到「專業化」。

毅冰說：

　　專業這個詞，本身就是一個大課題，涉及外貿工作中的方方面面。本書第二章，已經透過案例闡述了香港貿易商的「專業」。這裡，筆者希望從理論的角度，來糾正現有思維中存在的一些誤區，給業務員們一個不一樣的視角和新的思考方向。

　　廣義的專業化，真正的專業化，不僅僅是關於產品的專業，而是整個人專業素養的完美體現。面由心生，見字如見人，「專業」本就應該滲透進所有的細節內，是融入血液裡的東西。

第六節 價格沒有想像中重要

　　不管是新人，還是從事貿易行業多年的老手，大多都會有這樣的一個困惑，就是爲什麼港台貿易公司能夠在沒有價格優勢的情況下，拿下海外客戶的訂單，而且很多都是大專案？

　　我曾經碰到過這樣一個情況，美國某個大買家的訂單——12萬個太陽能燈，下給了美國的進口商，然後美國進口商轉單給中國香港貿易商，中國香港的貿易商轉單到中國上海的貿易公司，也就是我這裡，我再下單到中國浙江的工廠。用圖4-3來表示，會更加清晰和直觀。

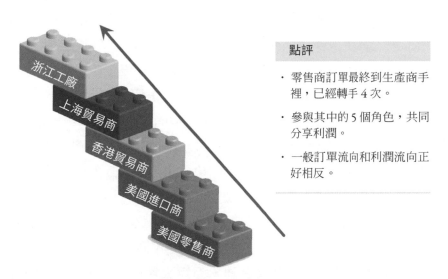

點評

· 零售商訂單最終到生產商手裡，已經轉手4次。

· 參與其中的5個角色，共同分享利潤。

· 一般訂單流向和利潤流向正好相反。

圖4-3　某個訂單的流向圖（Order Placement Example）〔毅冰製圖〕

顯然，香港貿易商是其中的一個重要環節，而且分享了部分的利潤。根據經驗判斷，訂單一層層轉手下去，利潤就會被一層層分薄。換句話說，香港貿易商的利潤，可能高於上海貿易商，而上海貿易商的利潤，又高於浙江工廠。可能最終美國零售商的毛利是 50%，美國進口商的毛利是 30%，中國香港貿易商的毛利是 30%，中國上海貿易商的毛利是 15%，中國浙江工廠的毛利是 10%。

　　我們做一個簡單的計算：假設這款太陽能燈，工廠報給上海貿易商的 FOB 價格是 5 美元，上海貿易商報給香港貿易商的價格是 5.75 美元，香港貿易商報給美國進口商的價格是 7.48 美元，美國進口商報給美國零售商的價格是 9.72 美元，美國零售商在門市賣給消費者的價格是 14.58 美元。

　　也就是說，從美國零售商轉到國內生產商手裡的訂單，其零售價中的大部分，都是各個管道和環節的利潤。

　　現在問題來了，既然港台地區貿易商的報價一定高於中國內地的貿易公司和工廠，甚至很多時候高了不只一點，那為何海外客戶還是選擇下單給他們？客戶為什麼能接受他們的高價格？他們在沒有任何價格優勢的情況下，憑什麼可以拿下海外客戶的訂單還能維持不錯的利潤？

　　這一系列疑問，其實三言兩語是說不清的，除了本章第一節提到的「軟實力」的問題，還有方方面面的原因。我之所以用這個圖和這串數字作為案例，是希望給大家一個直觀的印象，也借此告訴大家，價格不是萬能的，而且很多時候沒有想像中那麼重要。客戶選擇供應商，是出於一個綜合考量。價格誠然重要，但只是其考慮的因素之一，絕非唯一的原因。這就好比汽車，各個價位都有，它們針對的是不同客戶的選擇和喜好。

　　有人會買奧拓，有人會買奧迪，因為大家的需求不同。有人會買 VOLVO，有人會買 BMW，因為大家的偏好不同。有人喜歡轎車，有人

喜歡跑車，有人喜歡越野車，因為大家審美不同。所以業務員真正要做的，是選擇合適的客戶，推薦合適的產品。如果客戶要買的是麵包車（廂型車），用來裝貨，只有三萬元人民幣的預算，但是你賣的是賓士，最便宜的也要二十多萬元，那這個客戶就不是你的目標客戶，任憑你如何舌燦蓮花，如何爭取價格優惠，客戶也不會下單，因為需求不同。這就好比你給和尚推薦梳子，有意義嗎？肯定是在浪費時間。你要麼換產品，推薦木魚、推薦佛珠、推薦香燭；要麼就換客戶，給需要梳子的客戶推薦。

如果客戶的預算是三百萬元人民幣，目標車型是法拉利和藍寶堅尼的跑車，但你是一家曳引機工廠的業務員，你一得到客戶的聯繫方式，就立馬給客戶推銷你的曳引機，客戶會下單嗎？一般是不會的，因為需求不同，產品根本不對口。

所以上面的問題，都不是價格的問題，而是溝通的問題，是跟進的問題，是需求探討的問題。但歸根到底，都是業務員的問題。沒有做好幕後工作，貿然銷售，效果往往是很差的。

而我們大部分業務員並不明白這個道理，總是把所有的眼光都聚焦在價格上。訂單拿不下，就覺得是價格不夠好；客戶給出的價格無法接受，就覺得是價格有問題；客戶跟進沒消息，依然覺得是價格沒有吸引力。這麼想就大錯特錯了，說明思維走進了死角。

所以在價格以外，我總結了三個我認為最重要的要素，作為成功談判的奧祕。甚至在很多時候，這三個要素，比價格還要重要許多。

一、Good Communication（良好的溝通）

千萬不要小看這兩個英文單字。良好的溝通，怎麼樣才算是良好？這

一點看似容易，其實早已滲入外貿工作的各個環節。業務員跟客戶的溝通，在價格和付款方式上跟老闆的溝通，跟單環節的溝通，跟供應商在採購環節的溝通，跟單證和財務部門同事的內部溝通等，都屬於溝通的範疇。

畢竟生意場上所有的溝通，所有的談判，都需要人來完成，也只能依靠人來完成。這既需要語言組織能力、表達能力和思維能力，也需要很多的技巧，非常講究水準、能力、經歷、策略，還有工作經驗。很多朋友可能擁有十年經驗，但是溝通水準、說話能力依然沒有什麼提高，容易得罪人。

而在談判方面，很多人的溝通內容也是乏善可陳。除了報個價，問問客戶要什麼，問問客戶有沒有樣品，問問客戶什麼時候有消息，也就沒什麼別的招數了，自然難以吸引客戶的注意，不容易讓對方喜歡。而有些人可能只有一兩年工作經驗，但是溝通水準很高，很能跟陌生人打交道，很能吸引客戶，讓客戶願意參與溝通，願意交流，有興趣談判，這就是能力所在！

所以我想說的是，good communication 跟工作年限有關，但絕不是正相關的。不是你工作愈久，這方面能力就愈高。說難聽些，有些人一年進步好幾個層次，有些人幾年如一日的沒有任何提高。孰優孰劣，相信大家自有判斷。

另外，也有一些朋友，可能天生擅長跟人打交道，八面玲瓏，長袖善舞。這是天性使然，這對於做業務，自然是有很大裨益的。但這也不是絕對的，畢竟每個客戶的要求和標準不同，對於供應商的選擇也不太一樣。你能說會道，可能對方喜歡你，覺得跟你溝通很舒服，做生意的時候也容易打交道；但也有一些客戶或許會覺得你太活絡，嘴上沒把門的，做生意自然也不會太可靠。

因此，good communication 不是要告誡大家應該能說會道，而是讓

大家「善於溝通」，透過了解對方的喜好，揣摩對方的性格，來選擇合適的溝通方式。有些客戶喜歡單刀直入，如果你婆婆媽媽、扭扭捏捏，報個價格都推三阻四，試問對方如何滿意？有些客戶擅於把握細節，在很多小事情上特別介意，一點差錯都會讓對方大搖其頭，如果你大大咧咧，小失誤一個接一個，試問對方如何下決心跟你合作？

溝通，不僅是需求的探討，還是兩個不同的人、兩種不同的思想、兩個人背後的公司之間的衝撞。如果不儘量去匹配雙方的特點，溝通本身就會變成一種折磨，談得愈久，死得愈快，自然是智者所不取的。

二、Value（價值）

可能很多朋友會有疑問，為什麼我用的詞是 value（價值），而不是 price（價格）。這裡我要講的，就是價值和價格的區別。

我們姑且不論經濟學上對於價值和價格的專業定義，我們用一個簡單的案例來說明情況。

案例 4-3

飯店的價值與價格（Value & price of hotels）

國際上，飯店行業同樣競爭激烈，而且魚龍混雜。可能很多朋友會對飯店的價格定位有疑問。為什麼有的時候，一個不錯的度假村飯店，才 500 元人民幣一晚？為什麼有的時候，一個普通的五星級飯店，要 1200 元人民幣一晚？為什麼有的時候，一個經濟型的連鎖飯店，要

800 元人民幣一晚？

我這裡要強調的就是，價格在某種程度上是價值的反映。單純的成本加利潤，不是價值，因為價值本身是多種因素的綜合，然後透過價格體現出來。幾個飯店，或許成本差不了太多，經濟型飯店賣 800 元人民幣一晚，或許各種成本加起來是 300 元，利潤是 500 元；五星級大飯店賣 1,200 元一晚，或許各種成本加起來要 800 元，利潤只有 400 元。

我們可以看出，價格高不代表利潤高；價格低也不代表利潤低。因為這裡面涉及很多東西，比如固定開支、人工成本、折舊費用、管理成本、平均入住率、額外開支、供需關係、位置地段、促銷活動等。

度假村飯店 500 元人民幣一晚，或許是因為淡季生意不好，降價促銷總比閒置著好；普通的五星級飯店 1,200 元人民幣一晚，或許是因為知名品牌 Hilton（希爾頓）在管理，哪怕其他硬體一樣、服務一樣，也需要加 500 元上去，這是品牌效應的附加價值；經濟型連鎖飯店 800 元一晚，或許是因為那時候正好是廣交會期間，它位於一流地段，交通方便，供不應求。

所以價格本身，其實是價值的一種體現。

我們過分拘泥於價格，拘泥於在成本上想盡辦法下功夫降價，卻忽略了價值這個體現價格的基礎要素。產品可能成本 1 美元，但是如果沒有任何附加價值，只是給客戶貼牌加工一下，或許只能獲取 10% 的利潤，只能賣 1.1 美元，還需要跟很多低價同行血拚價格，拚個刺刀見紅，才能拿下訂單。

但是在訂單操作過程中，一個不小心，可能就會虧本。很多供應商為

了避免損失，往往就會進一步偷工減料，結果導致客戶前來索賠，從而失去未來的合作機會。

　　這其實就是思維上的一個誤區。我們需要考慮的、需要研究的，不應該是成本導向價格，而是價值導向價格。只有打造一些成本以外的優勢，一些特別的附加價值，才有可能維持一定的安全利潤，才有可能得到客戶對你的信任和信賴。

　　比如，你的品質十分穩定，任何跟你合作的客戶，都沒有出現過索賠的情況，這種「品質保證」就是附加價值；比如，你這個人十分專業，任何客戶只要到了你手裡，無不對你心服口服，覺得跟你合作好放心，這種「專業素養」就是附加價值；比如，你跟知名大買家合作過，能讓新客戶信賴你們的公司和產品，這種「完美形象」就是附加價值；比如，你的產品能達到歐盟和美國的苛刻標準，且有相關的測試報告，能讓客戶對你們放心，這種「行業標準」就是附加價值；比如，你的工廠非常穩定，生產管理水準一流，能按時保質保量交貨，這種「產品穩定」就是附加價值；比如，你的產品能提供良好的售後服務，客戶當地的消費者對於產品有任何疑問，或者需要更換任何配件，都可以致電你指定的當地的第三方公司處理，這種「售後保障」就是附加價值……

　　可見，附加價值這樣的 value 本身就是價值體系的重要一環，跟價格是息息相關的。簡而言之，你擁有的價值，再配合適當的運作，才可以換取某種程度上的定價優勢。

　　價格不等於價值，但價格一定是價值在某種程度上的體現和反映。

三、Margin（利潤，也可以理解為利益）

客戶願意合作，客戶選擇跟你合作，其實最終取決於利潤，也就是利益。可以用英文的 profit 或 margin 來表示。

正所謂「無利不起早」，只要對方不是那種非營利的組織機構，任何生意都是為了利潤，或者是預期的利潤。有些生意一開始不賺錢，甚至虧損，但是遠期有營利的期望，這就會使得很多客戶願意投資，有些生意表面看上去利潤不錯，但是長期看來風險極大，這同樣使得很多客戶會在風險控制的前提下進行綜合評估。

可見，利潤是貿易的大前提，也是其原動力所在。沒有一定的利潤，沒有利益，誰願意做吃力不討好的事情呢？商人逐利是天性使然，沒什麼大不了的。有利益，才會有動力。如果一方獲得所有利益，另一方顆粒無收甚至還要賠本，這樣的合作自然就難以維繫。合作未必是完全公平、完全對等的，但是雙方必須都獲利，生意才能繼續。

假設一個專案需要 10 萬美元，總利潤或許有 4 萬美元，這裡面零售商可能獲利 2 萬美元，進口商獲利 1 萬美元，出口商獲利 5,000 美元，船公司和倉儲公司獲利 5,000 美元，這就使得這個專案的各方都能夠獲利，每個人都賺取了自己部分的 margin。或許真實的情況並沒有那麼簡單，各方的利潤比例需要經各種博弈和各種競爭，但是談判過後，在訂單操作過程中，必然是各方都獲利的。如果某一方擅自改變遊戲規則，破壞了他人的利益，結果只能是談判破裂。哪怕短期內因為種種原因勉強維繫，在未來的某一刻，這個定時炸彈也必然會被引爆。

所以我想告誡業務員的是，**談判本身可能圍著價格轉，但是博弈的目的一定是利潤。**

如果客戶是零售商，他面對的是最終消費者，業務員需要幫助客戶在

零售環節獲取最大利潤。談判的建議和方案，要圍繞著這個點來走。

如果客戶是中間商，他面對的是最終零售商，業務員需要幫助客戶在跟最終客戶談判中占據優勢地位，不影響他那份利潤。

生意的本質，談判的本質，就是需求探討，就是利潤分享。而這些問題，不是單純的價格低就可以解決的。或許你的產品只要 1 美元，但是客戶的零售價只能賣到 3 美元，而且競爭超級激烈；而你同行的產品雖然是 1.4 美元，但是客戶的零售價可以賣到 9.9 美元，市場接受度也不錯，而且競爭對手也不太多。你覺得客戶會如何選擇呢？

所以利潤跟價格並非完全對等，是由多種因素決定的，也是雙方長期合作的基石。

> 毅冰說：
>
> 　　國際貿易中，生意成交的關鍵，往往是一攬子問題，而不是簡單的價格問題。價格誠然重要，但並非所有項目的決定性因素。
>
> 　　我們要注意的是，談判的本質是需求探討，是利潤分享。價格本身是圍繞利潤來服務的。合適的價格會給雙方帶來合適的利潤，這才是我們需要實踐和執行的。
>
> 　　業務員在工作中需要考慮的，是除了價格以外還有哪些地方自己可以完善、可以精益求精。很多客觀的因素受到現實壓力的影響，很難有大的變化，但是主觀的東西，是可以變化和提高的。

第七節 執行力與戰略定位

制定規則容易，但執行規則卻千難萬難。

相信大多數朋友都對此深有感觸。年初時，躊躇滿志，覺得今年應該如何如何，要做到怎樣怎樣；結果年底了，依然一事無成，這裡不滿意，那裡做得不好，只能把希望寄託於來年，然後淚流滿面地唱一句「只不過是從頭再來」。

這是多麼痛的領悟！

我們需要的是：付出能有收穫，努力能有回報，用心能有價值。說白了，就是不做無用功，少做無用功，時刻都在往前走。要達到這個目標，就得提升執行力，單純靠目標和計畫，是沒有用的。

這就好比你打算開一家公司，即便你有再好的未來規劃，再好的產品設想，再好的網站架構，再好的專案計畫書，如果你沒有執行，這一切也只會停留於想像中。只有當你真的把公司註冊好，把辦公室租好，把人員招起來，一步步按照既定的計畫執行下去，那才會有價值，才會有機會。

有些朋友可能想法真的很多。比如晚上睡覺前會回想很多自己做得不夠的地方，會想到一些新的閃光點，會想要嘗試一些新的銷售技巧，會想到明天應該跟一個半年沒有聯繫的客戶重新談談，會想要發憤圖強修改自己的開發信，會想到過去幾個月自己太懶散了必須重新振作……可是，我還是要用這個轉折詞「可是」，第二天早上醒來，他依然「外甥打燈籠──照舊」。

一、執行力的核心

或許大家會認為執行力的核心是「執行」。可我不這樣認為。我覺得恰恰相反，執行力的核心應該是「力」。這個力，是一種 power，是 push，是推著自己往前走的一種動力，也是一種壓力。

我相信大多數人都是懶散的，都不會很勤快。勤快的人，要麼對自己要求極高，要麼就是壓力大被迫將壓力轉化為動力。

如果不是特別能夠自律，那就需要一些外在的力量來推動自己去執行。**只有對自己夠狠，才可以走得更遠。不管哪個領域，金字塔尖的那些成功者，往往都是對自己足夠狠的，因為只有那樣才能「執行」，才能讓自己按照既定的計畫，一步步往前走。**

那外貿業務員究竟怎麼做，才算是執行力好呢？我想以我過去的經歷，給大家做案例分析。這個辦法或許不夠好，不能立竿見影，但是只要堅持下去，就一定會有足夠的收穫。

案例 4-4

我的執行力（My power of execution）

剛工作的時候，我也是屬於懶散的那一類人，屬於外貿從業者中的大多數。我也曾經躊躇滿志，也曾經充滿夢想，可事實上，我還是太懶了。一個郵件，要拖兩天才回；一個報價，要四五天才弄好。雖然這裡面有很多客觀原因，但是主觀上，我的效率的確很低，我的確不夠專業。

一次次被現實打擊後，一次次跟港台貿易商比較後，我才發現差距是如此巨大。為什麼別人可以如此高效的工作？為什麼我就要如此

拖沓？客觀的原因很多，我無法改變，但是主觀的東西一定可以改，一定要讓客戶覺得，我跟別人不一樣；要讓客戶覺得，人與人之間是有差異的。

這方法說來簡單，可執行起來非常不容易。簡單來說，就是一句話「當天事當天畢」，每天把事情完成，不拖延到下一天。複雜來說，就是弄一個 To-Do List（未完成事項列表）。

TO-DO LIST

	Task	Comments
☑	Reply Jonathan's Email	Wait for updated comments
☑	Send out carpet sample to ABC Trading	Picked by DHL
☐	Make quotes for Kelvin	
☑	Send invitation letter to Henry	Henry replied he won't attend the fair this time
☐	Sourcing for hand tool kit	
☐	Call printing factory to re-check the packaging sample	
☐	Check offer recap again for Mr. Yeung	
☑	Send factory audit report to Jonathan	Finished
☑	Push Lynn for balancing payment	Email sent out but no reply

圖 4-4　未完成事項列表（To-Do List Example）〔毅冰製圖〕

　　當天要處理的事情，當天要回覆的郵件，當天要報的價格，當天要跟進的事項等，做一項勾一項，不做完就不睡覺。比如第一件工作，回覆 Jonathan 的郵件，已經做完了，那就在前面打勾，然後評論裡備註一下，還在等客戶的答覆。比如第四件工作，發邀請函給 Henry 也完成了，同樣在前面打個勾，收到了客戶的回覆，對方明確表示這次展會不會來參

加，那就也寫在備註裡。

每一項工作都要列出來，在避免遺忘的同時，時刻了解自己的進展，比如有沒有做，做到哪一步，目前情況如何。然後時刻對應著看，完成一項，就打勾加備註；沒有完成，那就繼續加油。

這件事看起來雖然很簡單，卻能最大限度提升自己的工作效率和條理。這其中最難的是堅持。之所以把這個壓箱底的表格貢獻給大家，是希望從執行力上，最大限度地提升業務員的能力和主觀能動性。或許若干個月後，你就會有飛一般的變化。

如今如果有人問我，「毅冰，你覺得如何提高執行力？」

我會回答：「做一個 To-Do List，然後堅持下去，每天對照成果。」

執行力的核心在於力。要對自己夠嚴苛，要對自己夠狠，要逼著自己往前走。

二、定位與兩個「知」

定位本身就是個不小的課題。如果套用到外貿圈，我準備暫時把它總結成三個方面：對自己的定位，對公司的定位，對產品的定位。

對自己的定位：你必須知道，自己的優勢在哪裡，自己的缺點又在哪裡。

比如有些人做事極其仔細，每個細節都會反覆確認推敲，每個不確定的地方都會再三比較確定，幾乎找不到任何疏漏。可是也正因為太拘泥於細節，在大局掌控上或許就有點力不從心了，或許還缺少戰略性的規劃和管理談判的能力。這樣的人，或許適合管理大客戶，負責大訂單和大專案

的跟單，但不適合做更要求開拓能力的業務總監。

又比如，有些人特別熱衷權力，喜歡被眾星捧月的感覺，哪怕薪資不高，但是一定要足夠有分量的頭銜，跟客戶溝通能力特別強，但是在細節把握和專案的具體處理上，就有些力有未逮。這類人或許可以負責某一個區域市場的海外開拓，用來帶領團隊開發潛在市場。

還比如，有些人能吃能喝能吹能侃，一個簡單的事情到了他／她嘴裡就變得生動有趣，一個麻煩的事情到了他／她這裡就有了好幾種處理辦法，一個呆板的客戶都能被他／她逗笑從而拉近彼此的距離……這類人，就一定是開發新客戶的高手。

所以人跟人是不一樣的，每個人的優勢不同、特點不同、經歷不同、思維方式不同。就像五根手指，有長有短，各有不同的作用，我們平時用食指完成的動作，可以改用小指嗎？可以是可以，但是必然不習慣、不自在。你可以用食指開易開罐，你可以用小指開嗎？我覺得大部分朋友應該都不會這樣自找麻煩。

工作也是一樣，合適的人在合適的位置做合適的工作，才是資源的最優配置，也是定位自己的根本所在。

▪ 對公司的定位：你必須知道，公司的特點是什麼，能否被客戶接受。

這裡面就涉及揚長避短的問題，更涉及思維方式的問題。

任何公司都有缺點，任何公司都有各自的問題，這個世界上不存在完美的公司，這是我們對於自己所在的公司的一個清醒認識。哪怕微軟，哪怕 Google，每年也同樣有不少員工離職，也同樣有不少員工一肚子抱怨，這些或許是很多「牆外」的朋友所不知道的，因為你看到的都是優點，因為你心裡只有羨慕嫉妒，恨不恨就不知道了。

所以在認清現實的同時，我們不得不去衡量一個問題，就是如何向客戶、向供應商展示公司的優勢，以便於得到對方的信任和認同，從而爭取到合作的機會。

■ 對產品的定位：你必須知道，產品的優缺點、適合的消費群體以及與同行的差異

產品的優缺點容易理解，也就是產品的特性。很多朋友都會覺得這個很容易，只要從事一個領域久了，自然會了解產品的方方面面，畢竟每天都在接觸產品。這個想法沒錯，但是這些都是基礎的工廠思維，並沒有轉換成客戶的視角。

簡單舉個例子。一個手機，你作為生產商，你覺得最重要的是晶片，是處理器，但或許消費者最需要的是輕薄和系統的流暢。你或許覺得性能很重要，但可能使用者更需要的是外觀。所以產品的優缺點，不是自己理解的優缺點，也不一定是技術上的優缺點，而是從客戶那裡回饋回來的優缺點。

案例 4-5

包裝方式的優缺點（Advantages & disadvantages of packaging）

比如說，你出口手工工具套裝。你的產品或許很多出口歐洲，用的外包裝是彩盒，你可能為此沾沾自喜。當你開發美國客戶的時候，你重點推薦你們的彩盒包裝，以為能贏得美國客戶，這樣想就錯了。因為對於歐洲客戶而言，你這個是優點，因為這適合歐洲市場。但這不見得就

能適用於美國市場，因為許多美國客戶，或許會選擇雙泡殼包裝來代替彩盒。

所以說，到底是彩盒包裝是優點呢？還是雙泡殼包裝是優點？其實這就要具體問題具體分析，針對不同客戶的偏好來制訂和推薦合適的方案。

優點，是可以定制出來的。

這也說明，很多時候在某種場合下的優點，在另外一個場合，可能就會變為缺點。而有些難以彌補的缺點，或許在另一種情況下，又會變成優勢。這沒必要妄自菲薄，因為不同的產品有不同的特性，這很平常。關鍵在於，你如何去定制，如何去談判，如何去適應你的客戶。

這就要談到產品定位的後半句「適應消費群體以及與同行的差異化」了。差異化好理解，前面幾章穿插了不少內容和案例，相信大家都會有自己的想法，說白了無非就是「人無我有，人有我優」這八個字。更簡單些，就是「精益求精」，再直白些，就是「投其所好」。

至於適應消費群體，我們還是可以透過案例，更加直觀地來理解的。

| 案例 |
| 4-6 |

絲巾的定位（Positioning of silk scarves）

一條 90 公分 ×90 公分的標準尺寸的 Hermés（愛馬仕）絲巾，在中國的價格可能是 3,400 元人民幣，在香港的價格可能是 3,600 元港幣。這個價格，相信很多愛馬仕的愛好者和忠實粉絲一定知道。

> 但是問題在於，愛馬仕的絲巾是普通大眾的日常消費品嗎？不是。所以它註定不可能薄利多銷，也不可能打價格戰，更不可能打折，唯一有可能的就是「漲價」，就是「限量」。
>
> 所以它的定位是「奢侈品」，是「少數人擁有」，是「讓人夢寐以求的品牌」，而不簡簡單單只是搭衣服的絲巾。因此，絲巾不只是絲巾，愛馬仕賦予了它更多的內涵和品牌延伸，將情感訴求和消費者對高級商品的嚮往作為賣點。它品質好嗎？的確不錯。它的價值是否真的是同等品質的其他品牌產品的許多倍呢？那就看你如何看待了。
>
> 它的定位很明確：「非大眾」「高端」「奢侈品」。

一般人會不會買愛馬仕的絲巾？可能會，但是不可能一直消費、長期消費。也正因為如此，這個品牌的絲巾才擁有了獨特的魅力和價值。

或許它的單品利潤 1000%，你的單品利潤只有 10%，但是這無所謂誰對誰錯，也無所謂成功與否，關鍵在於定位。你希望薄利多銷打開市場，他希望高端定制維護形象，這都是正常的商業行為。

所以在你選擇產品，選擇方向，選擇客戶，選擇市場之前，先好好思考一下，你的產品定位，以及與同行的差異化。

◤ 兩個知：知己，知彼

這兩個知，相信大部分朋友都從小時候的書本裡學到過，那就是《孫子兵法》裡的名言：知己知彼，百戰不殆。

可知道歸知道，真正應用到工作中，能做到而且做好的，絕對是鳳毛麟角。

大家可以看看以下這十個問題，對照自己，是否都能答上來？每個問題能回答上來算 1 分，回答不上來算 0 分。

—我是否對自家的產品高度自信？

—我們主要的競爭對手有哪幾個？

—現在下單的客戶，是因為什麼跟我們合作的？

—如今轉單的客戶，是因為什麼而轉單的？

—如果我的價格上漲 10%，是否依然能維持住現在的客戶和訂單？

—如果老闆讓同事替代我的工作，是否不會影響現有的客戶和專案？

—我們主要競爭對手的產品、價格、交貨期、付款方式，跟我們有什麼差別？

—在已經沒有餘地壓縮成本的情況下，我如何去爭取新客戶？

—如果除去團隊和公司等種種因素，我跟別的業務員一對一競爭，我是否有把握取勝？

—自己工作中最大的弱點如何彌補？

以上這十個問題，能得到 9~10 分的，算是做到了兩個「知」；5~8 分，需要繼續加油；0~4 分，如果還不整理思路奮起直追，依然做不動腦筋的工作，那你絕對是平庸的大多數，也必然會成為外貿圈子裡的「炮灰」。

> **毅冰說：**
>
> 　　定位是個大課題，要做好銷售，前提就是要讓產品和自身做好充分的準備，做好定位。胡亂開發，盲目開發，不動腦筋地工作，只能造成大量的時間浪費，造成工作效率低下和信心的逐步喪失。
>
> 　　未來的外貿出口必然是精細化的工作，需要去適應市場、適應客戶、適應消費者，去平衡各方利益。過去的粗放式、低成本的銷售模式，也一定會在人口紅利逐步喪失的前提下被淘汰。
>
> 　　知己知彼，適者生存，知行合一，才是繼續在外貿界如魚得水的不二法則。

第八節 逐漸建立你自己的「套路」

　　我們都知道，模仿別人容易，做自己最難。

　　我不是說不能模仿，模仿可以，但是要有個度，也要有個時間段。在剛起步的時候，必然要模仿和學習別人的優點，那是因為自己還是一張白紙，需要吸收太多的東西。這種模仿，可以讓自己儘快成長和發展。

　　著名作家古龍先生，在出道的時候模仿金庸出版了《蒼穹神劍》等書，筆法稍顯稚嫩，模仿痕跡很重；但慢慢地，就逐漸形成了自己獨特的文風、人物塑造和故事架構方式，到《陸小鳳傳奇》在香港《明報》連載之時，已然自成一家，看不出任何模仿的痕跡，在當時港台眾多名家中脫穎而出。

　　所以我想告誡大家的是，套用到外貿工作中也是如此，「模仿」其實是一條捷徑，在最初可以幫你儘快適應、儘快發展，但在接下來的過程中，如果沒有更多的總結和思考，沒有更多的變化，沒有更多糅合自家的東西進去，這條路會逐漸變成一條死胡同，反過來限制自己的思維和發展。

一、從來沒有萬能的範本

　　在整個外貿工作中，郵件的溝通往來一直是主旋律。由於地域的關

係，業務員直面客戶的機會不會太多，大部分的工作，都要透過郵件來完成。特別是剛入行的新人，往往會無所適從，不知道郵件該怎麼寫，不知道如何寫開發信，不知道該怎樣回覆新客戶的詢盤，不知道該如何與客戶談判和周旋⋯⋯

所以自然而然地就會模仿同事甚至一些前輩的郵件寫法，來儘快適應工作節奏，達到公司的要求，也讓自己成長。

這樣做當然沒錯，但是這種「偷懶」可一不可二，時間長了，反而會限制自己的思路，用條件反射的方式來寫郵件，不知道應該如何按照自己的特點來行文。

案例 4-7

超級業務員的笑話（A joke of super sale rep）

2010 年，我剛在福步論壇連載「開發信」長帖的時候，用了大篇幅的案例和說明，以及從歐美客戶的思維和視角，點評了各種郵件中的問題所在。

儘管我一再強調，郵件必須一對一，不能複製剪貼，不能群發，不要製造垃圾郵件，要針對每個客戶「量身定做」。可結果依然是，大量的郵件被複製剪貼，更有甚者用軟體群發，瘋狂製造雷同開發信，讓很多客戶不勝其煩，也讓很多本來用心工作的業務員被這些「懶人」殃及。

那時候一個加拿大朋友跟我說，「我這一個禮拜收了 1,700 多封來自中國的郵件，除了公司名和聯繫方式外，內容幾乎完全一樣，都是一樣的模式，一樣的句型，一樣的用詞。看來中國有個 super salesman

（超級業務員）啊，一個人身兼無數公司的銷售。」

　　我聽了也只能苦笑。我是應該暗自得意？還是恨鐵不成鋼？或許都有吧，但是後者更多些。

　　我舉這個例子，不是來給自己臉上貼金的，而是希望告誡大家，郵件可以模仿，但是不能抄襲。句型和用詞可以學習，但是不能照搬。畢竟每個客戶的情況都不一樣，每個市場也不同，本來就沒有放諸四海而皆準的方法，也沒有所謂的「範本」。

　　每個消費者，我們都要當成一個獨立的個體，要了解對方的情況，要根據自身的優勢，來做出適合客戶的方案，而不是一招打遍天下，永遠都是程咬金那三板斧。這樣做一兩次或許有效，次數多了就不靈了。

　　更何況，大家都用就不只不靈，而是給自己找麻煩，浪費彼此的寶貴時間了。

　　發送外貿郵件的目的在於溝通，在於實際工作中的應用，所以思路才是根本。要明白這封郵件要說什麼，能幾句話說明白，要分幾個段落，有沒有必要幾件事情分開說。這些問題都想明白後，才可以開始下筆，根據搭建好的思維框架，一步步去執行。

　　寫的時候發現有問題、有難度，再去揣摩和模仿別人那些不錯的郵件，去套用和學習一些適當的句型，才可以在模仿的同時，逐步轉化為自己的東西。這個「化」，需要時間，需要經歷，需要實踐，需要思考，需要反覆鑽研。簡單地抄襲，永遠都不可能有進步。

二、性格的問題

曾經有朋友問，「我性格靦腆，不是很會說話，平時也總是宅在家，不擅長跟人打交道，是不是我這種性格的人不適合做外貿？」

其實根本就不是這麼回事。我們要去發掘的，是自己的長處，盡全力去發揮優勢，而不要因為某些弱點而徹底放棄。或許我可以這樣舉例，你不喜歡跟人打交道，就不能做外貿？那英文不好的人也不能做外貿？口語很爛的人也不能做外貿？做事囉囉唆唆的也不能做外貿？性格強勢容易得罪人的也不能做外貿？學歷不高的也不能做外貿？害怕跟老外打交道的也不能做外貿？

要是這樣一條一條列下去，估計中國外貿界就沒人了。每個人都有自己的缺點和理由，都有自己的問題和短處，這很現實，需要我們去面對，而不是把它當成不適合做外貿的理由。

在我看來，**性格不是左右你是否從事某個行業的關鍵，真正的核心一定是自己的興趣和信心。你有興趣，就有可能用心去做好，而不是混日子。你有信心，就會在遇到困難的時候選擇相信自己，從而全力以赴。**

沒有人天生適合做外貿，或許有些人善於溝通，有些人英文不錯，有些人喜歡跟人打交道，有些人膽子很大，這些或許都是優勢，但是這種優勢，在我看來是微乎其微的。因為整個職業生涯就像長跑，沒有到終點，誰都不知道結果。領跑的那個人，不見得領跑到最後，跟在後面的人，也不見得不能超越。

有前，有後，有進，有退，有希望，有失落，這些讓人心跳加速和百感交集的東西，才是一份工作最大的魅力所在。因為機會對任何人其實都是相對均等的。保持領先的，未必一直領先；現在落後的，未必永遠落後。

三、建立自己的思維體系

我一直都喜歡強調思維。因爲在我看來，**作爲一個業務員，支撐你工作執行力的，就是你整體的思維方式和知識體系。**

談判也好，郵件也好，溝通也好，外貿所有的工作環節，其實都是由背後的思維方式來支撐的。**你怎麼做，就是你怎麼想的映照。**

大家看問題的角度不同，思維方式不同，得到的結果或許就是截然不同的。就像給客戶寄一個價值 50 美元的樣品，有些業務員會覺得，有興趣的客戶一定會支付樣品費，不願意付錢的就是騙子。但也有一些業務員會認爲，對方只要願意提供到付帳號，就等於是我方承擔樣品費用，對方承擔快遞費用，完全公平合理。

有些業務員會覺得哪怕 1 毛錢的樣品，我也要給公司賺幾分錢，絕對不能吃虧，虧本的生意不做；有些業務員就認爲，小問題上完全可以支援一下客戶，一點小小的投入，就當作人脈和交情的建立和經營了，就當作請客戶吃頓飯或者喝杯咖啡，多認識一個朋友，有什麼不好呢？

有些業務員會覺得，投入 B2B 網站很重要，有詢盤才能準確開發客戶；有些業務員則認爲，B2B 屬於守株待兔，不如主動出擊，搜索目標客戶，對症下藥，有針對性地開發。

我這裡不想簡單地判斷誰對誰錯，因爲每個人心裡，都有自己爲人處世和工作的一套準則，都有自己的想法和目標。我想說的是，你做的事其實無一不反映你的思維方式和價值體系。

我們要做好外貿，不見得要去學別人的做事方式，但是需要去揣摩別人思考問題的角度，慢慢建立自己的一套思維體系，這才是重點。人云亦云不可取，要有自己的判斷，有自己獨立思考的能力。

　　外貿行業說大不大，說小不小。客戶選擇供應商，往往有自己的理由；客戶討厭供應商，也會有自己的評判。所以我們沒有辦法用一整套手法去迎合所有客戶，只能根據不同的客戶，有針對性地去溝通和適應。

　　執行力考量的是業務員的思維方式。需要全面布局，需要走一步看三步，三軍未動糧草先行。這樣的思維方式，就是行動的糧草。

公司裡難以學到的驚天內幕

詢盤的真假如何判斷？

為什麼同事之間的優質供應商往往不共用？

開發客戶是否找愈高職位的客戶愈好？

為什麼降價有時反而會失去機會？

客戶不回覆郵件是否應該抄送他的上司？

……

這一章是頭腦風暴，也是大部分外貿人士最容易犯的無心之錯。很多事情就是這樣，沒有標準答案，但是你在做的過程中，或許在不經意間會遠遠偏離預期的方向。

職場上，智商只是成功的一部分，你要讓同事信任、讓老闆讚賞、讓客戶滿意，更多的是靠專業以外的情商。這也是這一章要介紹給大家的重點。

第一節「前輩」的告誡未必正確

「前輩」這個詞，我在這裡加了個引號的意思是，很多「前輩」並不是真正意義上的前輩，他們的告誡未必是真理。他們說的不一定是錯的，但是在很多情況下並不適用。

說好聽點，那是「橫看成嶺側成峰，遠近高低各不同」。因為每個人所處的立場不同，思考問題的角度不同，為人處世的手法不同，面對的客戶和供應商不同，所以他們現有的很多「經驗」「技巧」，並不見得適合其他人，反而容易讓人犯「經驗主義」的錯誤，陰溝裡翻船。

說難聽點，某些人自己就是「半桶水」，業務做得一般，管理能力平平，也沒有很強的談判手腕和個人魅力，又如何有資格去教別人呢？好為人師，本來就不是一件好事，教的人得有自知之明，學的人得有分辨之心。

以下兩個案例，或許在某種程度上能說明一些問題。

一、不要輕易下結論

案例 5-1

詢盤真假能否甄別（Could you rectify the real inquiry?）

很多朋友在讀大學的時候，可能會被老師教授要分辨所謂的「實

盤」「虛盤」，並且要區別對待，區別回覆，甚至不回復那些「虛盤」。還沒有工作經驗的學生們會覺得如獲至寶，暗自點頭。

等到他們進入工作崗位，一些「前輩」的告誡，又會讓這些初入職場的業務員有不謀而合的感覺。「前輩」會說，要學會分辨詢盤的真假。針對性強、有圖片、有參數、有包裝、有數量、有詳細要求的詢盤，往往都是真的，需要認真回覆；簡單的一兩句話的詢盤，往往都是假的；諸如 please send us your offer sheet for your product lines（請給我發一份你們產品系列的報價單）之類的沒有針對性的泛泛詢價，都是套價格的⋯⋯

這類所謂的「告誡」「經驗」真的有很多，我可以舉出一大籮筐，很多業務員也會對此深以為然，覺得事實就應該是這樣的。

但是大家或許都忘了一個大前提，就是這個命題是否真的存在？是否真的可以憑這幾條所謂的經驗來甄別真假詢盤？

我個人覺得，這是十分不可靠的，完全有誤人子弟的嫌疑。

讓業務員把時間浪費在毫無意義且不可靠的甄別真假詢盤上，還不如讓他按部就班去跟進每一個詢盤，爭取每一個機會。誠然，有些詢盤的確可能是虛假的，有些詢盤可能就是客戶用來套價格、跟老供應商做比較的，但是我們不可以因噎廢食。因為可能有些詢盤是假的，就來個全盤否定，對每個詢盤都疑神疑鬼，然後主觀地去猜測真假。這樣反而容易喪失很多機會。

看上去像真的未必就是真的。別人要套價格，聰明的人都知道做戲要做全套，所有東西偽裝得跟真的一樣，你能辨別嗎？看上去假的未必就是

假。一個看似不可靠的兩三句話的詢盤，也沒有針對性，或許真的就是有採購意向的客戶發的，你又如何能簡單否定？

既然本來就無法判斷真假，無法透過簡單的一兩封郵件來判斷背後的真實情況，那就沒有必要亂猜疑，沒有必要自己去腦補很多不存在的東西，不如全力以赴地去爭取每一個機會，那才是正道。

不要想著走捷徑，踏踏實實去服務好客戶，展示自己的專業、效率、服務、素養，這才是業務員需要努力的方向。你爭取了，未必就有機會；但是你疑神疑鬼地主動放棄，那就一定沒機會！

二、爭論不休的「樣品費」

案例
5-2

意向客戶不會計較樣品費（Real customers don't care about sample charge）

這又是我們常常聽到的一些「前輩」或者「能人」們的告誡。

他們會對你講，「哎呀，小李，你跟客戶說，我們公司的規矩是，任何樣品都是需要收費的，需要收 3 倍的樣品費。畢竟每天來要樣品的客戶很多，收費很正常，等客戶下單了，這個錢是可以退的嘛。如果客戶有意向，當然是不會在乎這個樣品費的。如果客戶是來騙樣品的，我們這麼一來就把騙子擋在門外了。」

結果這位業務員小李一聽，是啊，挺有道理的，樣品不能白給，要向客戶收費，客戶下單後再退回，這也很公道。如果客戶不下單，那我們也沒有損失，還能小賺一點點。

可事實真的如此嗎？

我想說的是，這又是一個典型的思維誤區。樣品費總是能讓很多朋友打嘴仗，吵上好一會兒，有人說，應該收取，這樣能避免公司的損失，也可以防範一些騙子，畢竟有意向的客戶，是不會計較這個費用的；也有人說，不應該收，畢竟這是為了做生意，樣品只是敲門磚而已。

這個問題如果展開來講述，可能寫一本書也不會覺得少。在這裡，因為篇幅有限，我只能點到為止，從幾個角度給大家做一個簡單的分析。

■ 「付費與否」不是判斷客戶的標準

是否需要支付樣品費，從買手的角度上看，其實有一個衡量的標準，就是有沒有必要。比如說，這個樣品只是一個很普通的產品，別說新供應商，很多老供應商那裡都可以輕易拿到樣品，根本不存在樣品費的問題，而這個時候你對新客戶提出需要收費，往往會讓客戶轉而跟別家聯繫。

又比如說，你向一個剛接觸的新客戶收取 50 美元樣品費，客戶也二話不說就付款了，可能你的產品貨值只有 10 美元，你揚揚得意，覺得賺了。但是這只是個案，或許這個客戶根本無所謂，一頓午餐的錢而已，懶得繼續找別家聯繫，又或許這個客戶剛開始做進口生意，根本不知道具體情況，你說要樣品費，他就付款了。但是我們不能將個別案例套用在大部分客戶身上。畢竟，在能夠輕易得到免費樣品的前提下，誰會樂意去付費呢？這就是一個心態問題，跟「有沒有意向」並不是絕對可以畫等號的。

還比如說，客戶可能是公司的買手，他要支付樣品費，要層層申報，層層審批，整個流程會非常複雜。就以我自己的公司為例，假設我要給一個供應商支付 50 美元的樣品費，我需要在系統裡提交申請，然後請我上司，也就是 buying director（採購總監）在系統裡確認；然後，這個申請會自動提交給 vice president，就是負責採購部門的執行副總裁，這個副總

裁在系統裡繼續確認；之後系統會自動生成內部郵件併發送給財務部門主管，也就是 finance director；然後這個財務主管一般不會收到申請就立刻安排付款，他也要按照流程來走，遵循對等原則，財務部的頭跟採購部的頭對接，也就是他跟我的上司相互了解情況後，如果確認這筆錢必須支付，財務主管會在系統裡確認，然後再自動生成郵件，指示財務部門具體的 finance specialist（財務專員）來匯這 50 美元的樣品費。

這麼一個流程走下來，我想大家都已經快看暈了，不就是 50 美元嗎？怎麼弄得這麼複雜？

可事實就是如此。愈是大公司，內部的流程就愈複雜，這一條線下來，哪怕每個環節都很順利，估計也要一周左右的時間，甚至更久。這期間，如果 buying director 去展會了，或者 vice president 在休假，那不好意思，這個審批就會被無限期擱置下去，你也不會好意思為了 50 美元的樣品費，去打擾你的上司，讓他們在假期或者出差的時候，還專門抽時間來弄你這麼點事兒，是吧？

這就是為什麼，很多買手一聽到樣品費就打退堂鼓的原因，實在不是不願付，真的是太麻煩了，還是換老供應商來做算了。

■ 付費的客戶，也未必就有誠意

客戶願意付款，很爽快，並不見得就很有誠意。也許他要下單給他老供應商，但是因為老供應商的訂單出過問題，產品有技術上的缺陷，他想比較一下別家的產品，拿到樣品，交給老供應商去研究，找找問題出在哪裡。

在這種情況下，你能說，客戶給你付了費就是有足夠的誠意跟你合作嗎？當然未必。我們是根本無法從付費與否來判斷真假詢價，甚至客戶的誠意的。

因為誠意這東西，是個比較主觀的詞。有誠意的，誠意或許也會在溝

通和談判中逐漸淡化，還有可能會有意外產生；沒誠意的，或許談著談著，對你印象愈來愈好，反而成爲了你的客戶。誰知道呢？

所以我要告誡大家的是，不要用主觀色彩去判斷客戶，疑神疑鬼是毫無意義的，用樣品費來判斷成交的可能性，也是完全沒有根據的。

我還是那句話，是否應該收取樣品費，要具體問題具體分析。

如果只是現成的樣品，貨值也並不高，在客戶願意承擔快遞費的前提下，哪怕提供免費樣品，也沒什麼大不了的。這就好比你賣葡萄，客戶想嘗一顆，看甜不甜，再決定要不要買，你作爲老闆會怎麼做？難道說，一定要讓客戶先付 5 元，如果最終買了，總價給他扣除這 5 元，你覺得合理嗎？

如果專門根據客戶要求來打樣的產品，耗費了人力、物力、時間，費用也不低，問客戶適當收取樣品費，或者和他分攤一部分費用，就是完全合理的。

那就好比你賣澳芒，一個芒果可能就要三四十元人民幣，一般客戶自己吃的話，也就買三四個，甚至就買一個。這種情況下，如果有客戶跑來說要免費試吃一個，那就有點不合適了。試吃一塊可以，但是要試吃一整個，你就可以提出，讓他買一個，這就是合情合理的。

很多東西，道理都是相通的，就看你自己如何去動腦筋，如何去平衡這其中的利益關係和人際關係了。既要讓客戶讚賞，也不能讓自己吃虧；既要方便客戶，也不能讓他順著杆子往上爬，這才是業務員們需要考量的問題。

我們可以再看一個案例，關於價格和細節的。

先問價格還是先談細節（Inquiry & details, which comes first?）

有「前輩」會告誡業務員，跟客戶談判的時候，不能隨意報價，要問清楚細節，比如對方具體的品質要求，包括數量、包裝、測試要求、產品細節、顏色、商標、電鍍工藝、外箱要求、驗貨標準等。這些東西都談好了，才是報價的適當時機。

理由很簡單。一方面，客戶能跟你談這麼多細節，說明訂單很實在，他是真有其事，不是來套價格的。另一方面，細節都考慮完善了，價格核算才會更加準確，誤差會更小。

聽起來，好像沒什麼問題，挺有道理的。但我想補充一句：以上全錯！

因為實際的外貿工作，絕對不是那麼簡單的。這是個技術活，也是個動腦筋的活，還是個跟人打交道，考驗情商的活。誠然，有些客戶或許比較嚴謹，本身做過這類產品，能夠給出很詳細的資料，讓你報價。但也有許多客戶，一開始並沒有興趣跟你探討那麼多細節，因為他根本對你都不了解，談那麼多有意思嗎？他們或許還是希望一開始就了解大致的價位，從而判斷供應商的情況，看看有無合作的可能性，再考慮是否繼續往下談。

這就好比你去買衣服，一家專賣店你第一次路過，從來沒進去過。今天你走進去逛了逛，大致走了一圈，掃了幾眼，發現有幾件衣服還可

以，款式挺別致的，這個時候，或許你就想知道一下大致的價格，從而判斷這家店的產品是不是符合你的心理預期。

　　如果說，店裡隨便一條裙子，標價都是 4,500 元人民幣，而且你查看價格標籤的這條裙子還不是你喜歡的，或許你會因為這個價格，就決定離開，連其他有興趣的風衣和連衣裙都不想看了。原因是，你透過一個單品的價格，已經知道了這家店產品線的價格定位，它的 price range（價格水準）遠超過了你的預算，就沒必要浪費時間了。

　　這種情況下，你是否還會堅持試自己喜歡的連衣裙，接著詢問面料、尺寸，之後研究領子改小等細節，談到最後才發現，你的預算是 1,000 元，他的連衣裙是 18,000 元，差距無比巨大，然後再放棄？

　　「放棄」是在一開始就應該做的事情，不是嗎？換位思考一下，你是不是就不會再想當然了？

　　很多時候，客戶詢價並不僅僅是為了成交，還有可能是想了解一下你們的價位，從而對你們做一個簡單的判斷，僅此而已。

　　給客戶寫開發信的時候，為什麼我強調要運用 mail group 主動做方案，主動推薦產品，主動給出一些報價？就是要讓客戶在了解你們產品的同時，也可以大致了解你們的價位，從而判斷是否有可能促成未來的合作。

「前輩們」的告誡未必正確，別人的「成功經歷」也未必就適合自己。

獨立思考，具體分析，這才是業務員需要做的。不能盲目聽信別人的言論，要自己去衡量和研究，多換位思考。假設自己處於客戶的立場，業務員這樣跟自己談，是否合適？是否讓自己滿意？如果不滿意，那問題究竟出在哪裡？

嘗試不同的角度，往往就會看到不一樣的東西。一味站在自己的立場考慮問題，忽略客戶的感受，那對方也不見得就會為你著想，合作就不可能很順利，中間就會出現很多意外，就容易有誤判。很多東西，單純靠別人說，是不能給自己強烈的代入感的，有的時候反而會因為這些固有思維，而把自己帶入誤區。

歸根到底一句話，需要「兼聽則明」，但不能「盲目追隨」。

第二節 不要動別人的乳酪

這一節，通過這個標題，大家就可以看出來，內容肯定跟「利益」有關。

當然，這個「利益」，並非就是金錢，而是一個廣義的概念。比如客戶，比如資源，比如人脈，比如詢盤，比如展會，比如機遇等，在公司要順順利利工作，首先就要盡可能讓同事們喜歡你，最起碼不能敵視你。

如果用一句話來總結，就是「可以做不成朋友，但是不要做敵人」。

這裡考驗的，不是智商（IQ），不是工作能力，而是一種為人處事的思維方式，屬於「情商」（EQ）的範疇。

有些業務員可能能力不錯，業績也出色，但是情商很低，跟其他業務員勢同水火，跟供應商鬧翻，跟客戶吵架⋯⋯一般這樣的業務員，在順境的時候，順風順水，老闆捧著你，上司護著你；但是一旦到了逆境，出了問題，就註定要做炮灰，會成為眾矢之的，成為被大多數人聯手批評的犧牲品。

一、越級引發的困擾

越級的問題（Issues for bypass）

很多朋友往往不把越級當回事，可是在職場上，bypass（越級）是一個不能碰的雷區，不到萬不得已，是不應該在這上面冒險的。

我曾經有一個下屬，姑且把他稱為小A。在拉斯維加斯的展會上，他接待了一個美國大公司的高階主管Ron，對方名片上的職位是buyinghead，也就是採購老大。小A很高興，也很賣力，當天就針對客戶在展會上詢問的產品，寫好詳細的郵件和報價單，發給了Ron。然後在我的默許下，讓工廠立刻打樣，三天左右就寄了出去，讓客戶第一時間收到。

Ron自然很滿意，對小A的印象不錯，於是就寫郵件給他國內的採購辦事處的某位同事並副本抄送小A，說明由這位同事來負責這個項目，跟小A對接。我姑且把這件同事稱為Tom，他的職位是sourcing specialist，也就是負責詢價的專員。

小A很高興，直接在Ron原郵件的基礎上給Tom發了郵件，並抄送給Ron。而Tom的回覆也很迅速且積極，態度和語氣都很好，然後我跟小A也一起去採購辦拜訪了Tom，大家談得也算和睦。貌似一切都挺順利的。我很滿意，於是就沒有再過多地參與這個專案，讓小A獨立處理，好好跟Tom談著就是了。

可結果個把月後，小A來我這裡訴苦，說Tom這個人太難伺候了，要麼對他不理不睬，要麼就把簡單的問題複雜化，弄得他無比頭疼，想

把這個專案放棄算了。我很納悶，於是就讓小 A 把他跟 Tom 往來的郵件給我看一下，我想看看問題到底出在哪裡。

結果一看，我頓時就明白了。不是溝通的問題，不是報價的問題，不是技術的問題，不是產品的問題，而是小 A 無意中犯了大忌諱，因為 bypass（越級）把 Tom 給得罪了。

小 A 的做法就是，一有什麼事情就喜歡直接寫郵件給 Ron。因為他覺得，Ron 是採購老大，是做主的那個人，只要他點頭確認的事情，手下的人就只能照做。他喜歡跟有決定權的人溝通，這樣最直接，而且效率最高。每次都是跟 Ron 談，然後抄送 Tom，或者不知是有意還是無意，會漏掉一些郵件抄送。

而當 Tom 沒有回覆一些郵件，小 A 用郵件催促的時候，總是習慣抄送給 Ron，他覺得，這樣能讓 Tom「重視」一些，可以對這個專案多一些關注。

我把他們往來的郵件大致瀏覽了一下，知道問題就出在這裡。不是這個專案的問題，而是小 A 的思維方式的問題，他得罪了人而不自知。我跟小 A 說，愈是小職員，就愈在意別人對自己是否尊重，哪怕他沒有做主的權力，但是你動不動就拿他上司壓他，你讓他怎麼想？怎麼看你？

一方面，既然 Ron 已經說明由 Tom 來負責這個項目，那就要堅持一對一的原則，跟 Tom 好好溝通，好好跟進這個專案就可以，不到萬不得已或者十萬火急的時候，不要聯繫 Ron。否則容易讓 Tom 有情緒，讓他覺得你不信任他，或者暗地裡給他老闆告黑狀。

另一方面，Tom 如果有些郵件回覆不及時，或者一些事情沒有給出

答覆，可以繼續跟 Tom 談，電話也好，郵件也好，見面也好，很多東西其實並沒有那麼複雜，也不需要一寫郵件就抄送他老闆，「逼迫」他非回覆你不可，這本身就會讓人很不高興。

小 A 沒有注意到這些問題，天真地認為只要時不時地聯繫他上司，就可以達到目的，讓專案迅速推進，可結果恰恰相反。越級的問題讓 Tom 覺得受了傷害，開始跟小 A 打官腔、找麻煩、不配合，讓小 A 有苦說不出。

這裡面的問題就在於，小 A 因為越級，動了 Tom 的乳酪，所以才引起後續的麻煩和困擾，影響了專案的進展，影響了未來可能有的合作。

二、同事間的微妙關係

我們再看一個案例。

案例
5-5

共用供應商的問題（Vendors sharing issues）

這是我自己的親身經歷。

2008 年，我剛進入一家世界 500 強企業在上海的採購辦事處。公司有很多組、很多部門、很多同事，我那時剛入職，職位是 sourcing specialist，負責尋找供應商和產品，負責詢價、下單、跟單，還有各種文書工作等，說白了，就是買手的助理。跟我同一組的，有 11 個同事，其中 6 個人的職位都是類似的，負責傢俱類產品的詢價和採購。

我剛入職的時候，雖然已經有了幾年的外貿經驗，也在貿易公司做

過銷售主管，但考慮到在外商工作還是頭一遭，各方面都需要磨合跟適應，所以感覺要跟團隊和同事去配合，更要行事低調，不要讓別人覺得我過於功利，從而引起不好的看法。

到新公司的第二天，美國總部給了我一項任務，找一款戶外休閒椅，要求鐵架噴塑，特斯林面料，12 把疊裝，4 個高櫃的預期數量。要我在一週內拿到價格和樣品。如果在貿易公司工作，接到這樣的詢價，那很簡單。熟悉的產品就找老供應商報價；不熟悉的產品，就通過網路和朋友介紹，尋找新供應商來尋求報價和樣品。

但是考慮到我對新公司不熟悉，而且不知道外商採購辦跟貿易公司的工作性質有哪些差異，不好貿然按照經驗主義去工作，擔心會引起上司的不滿。於是，我就跟幾個相熟的新同事尋求幫助，問他們有沒有現有的做這類產品的供應商可以分享給我？我直接跟公司現有供應商溝通，總比到外面漫天詢價要可靠很多。

在我看來，老供應商跟公司合作多年，必然在價格、品質、交貨期等方面都令人滿意，而且經過了長期的磨合，用起來自然是最順手的。

如果我直接找公司老供應商合作，應該是一點問題都不會有，從同事到上司，應該會對我滿意才是。可結果是：

同事 A：表示這款椅子他不是很熟悉，幫不了我（其實他前兩天剛收到過類似的樣品……）

同事 B：同意會把他的老供應商的聯繫方式給我（可是催了幾次，他態度很好，每次都說回頭給我，但是永遠沒有下文……）

同事 C：表示需要跟她的主管請示一下（然後主管一直未回覆……）

同事 D：說最近比較忙，等有空的時候幫我看一下（那位仁兄就坐我旁邊，工作顯然不忙，聊 QQ 的時間甚至多於工作……）

我當時眞的很奇怪，明明我想做一個好事情，爲公司利益著想，爲什麼這些平時吃飯、喝咖啡、開玩笑都很自然的同事，一碰到工作問題，就變得不那麼自然了？

　　這個疑問一直到 2010 年，我被總部派往香港分公司工作，職位也從最初的小職員升入公司的中層，開始管理自己的團隊時才得到解決。那時候，我在上海工作時的上司的上司，香港人 Simon 正好退休。有一次在香港跟他喝下午茶，我提出了這個困惑我多年的問題。Simon 的回答讓我恍然大悟。

　　他說：「你覺得不同的採購組之間分享供應商能夠讓工作更加有效，能夠減少和控制訂單的風險，能夠優化部門與部門之間的協作。如果站在高層的立場，你的思路沒有錯，但是在大公司，愈是產品線複雜，你就愈執行不了這個想法。因爲你的立場是員工，你跟其他同事沒有區別，你不是老闆，不是高階主管，你用一個不屬於自己的職位、立場去思考問題，那就會碰到很多問題。」

　　他繼續解釋：「我們舉個例子。假設你找了別的同事的老供應商來詢價和下單，這個訂單可能相對順利，但是你能確定，你不會找別的供應商比價格嗎？如果你一比較，發現有供應商報價更低，你會怎麼想？你會不會認爲你的同事收受暗傭，跟供應商之間有桌底交易？你會不會推薦你覺得更便宜、更可靠的供應商給公司？如果那個同事眞的有見不得光的事，就有可能被你發現，你跟供應商一聊，說不定就會得到這方面的資訊；而如果那個同事沒有問題，供應商也沒跟你說太多，可你在談判中砍價、比價，他說不定就會給你降價，或者你在外面找到了更低的價格，那你會不會懷疑你同事？」

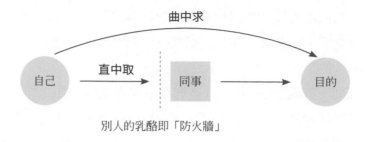

圖 5-1 「直中取」與「曲中求」（Direct & Indirect）〔毅冰製圖〕

　　我開始有些明白的時候，他接著說：「所以從你同事的立場出發，分享供應商給你，對他來說沒有任何好處，也沒有任何必要，但是問題和風險卻一大堆。只要是聰明人，就絕對不會做吃力不討好而且風險巨大的事情。只要把供應商分享給你，就等於把他自己放在火上烤，沒有問題屬於正常，有了問題那都是他的責任。所以你的提議就等於動了他的乳酪，無形中不斷放大了他的不安全感，對方一定不會同意。」

　　所以**在企業中，很多事情要具體分析，當提議不被認可，或者自己的想法被否決的時候，要好好去反思和總結。想想問題出在哪裡，而不是一味去催別人，覺得別人不配合你，覺得都是別人的問題等**。要靜下心，換位思考一下，自己的想法和行為有沒有動別人的乳酪？

　　雖然每個人都知道兩點之間直線最短，但前提是在不影響別人的情況下。否則，「曲中求」或許更加容易些，不見得非要「直中取」。多走幾步，多做幾次，表面上吃虧，但實際上未必。

　　不管是有心還是無意，身處職場的一個關鍵原則，都是「不能動別人的乳酪」。

　　因為每個人都有自己的立場，都有自己的想法，都有自己的利益，都有自己的堅持，都有自己的困惑，都有自己的無奈。從某個角度看毫無瑕疵的事情，或許站在不同的角度看，就會傷人於無形。

　　所以在很多時候，當我們碰到問題，不妨換位思考，假設自己處於對方的立場，自己的想法會不會引起對方的反感甚至更大的問題？

第三節 「找對人」僅僅是開始

―――

曾經有一位學員跟我抱怨，他購買了海關資料，購買了廣交會和一些行業展會的名錄，公司還存檔了過去十年參加展會拿到的所有客戶的名片。理論上講，這些客戶應該大多數都是實實在在的，有實際採購需求，產品也十分對口。可為什麼當他賣力開發的時候，卻效果寥寥，覺得灰心喪氣、力不從心？

這裡我想說的，就是一個「開始」和「進展」的問題。

很多朋友，特別是初入外貿行業的朋友，總是把「尋找客戶」當成工作的方向。平日裡學的，去網上搜的，往往都是「如何找客戶」之類的帖子或內容。甚至還有朋友私信我，「毅冰，我是一個剛入行一個月的新手，外貿的流程和公司產品我都懂，現在對我來說最難的就是找客戶，麻煩你指點一下」。諸如此類的問題，我不知道該用「初生牛犢不怕虎」還是「不知天高地厚」來形容。

在我看來，**任何一個行業，水都很深。個人往往經歷得愈多，接觸得愈多，反而會愈謹慎，愈認識到自己的渺小和無知**。任何產品、任何學問，都需要終其一生去追求，是短短一個月就可以全部精通的嗎？這顯然是有問題的。

可能你已經了解了公司經營的產品，那你知道如何計算成本嗎？知道價格構成嗎？知道上游供應商的情況嗎？知道具體的技術和工藝嗎？知道未來的行業發展方向嗎？知道歐美和其他主要國家和地區的測試標準嗎？

知道同行的情況嗎？

這些東西，都是非長期積累而不可得的。所以找到人，找對人，並沒有完事，一切才剛開始。你找到了連絡人，甚至找到了對口的連絡人，這是好事，可能否拿下，這關係到後續的跟進和談判，關係到方方面面的東西。

一、不經意間得罪了買手

我們來看一個案例，關於同時聯繫買手和採購總監的時候，如何處理更加妥當。

> **案例 5-6**
>
> ## 同時聯繫買手和採購總監（Contacting buyer & director at the same time）
>
> 業務員 George 某次在網上搜索關鍵字，找到了客戶公司買手的郵件信箱。他寫開發信過去，結果石沉大海，跟進一兩次，也沒有下文。
>
> 過了兩天，巧了，業務員又在網上搜到了同一個公司的另外一個聯絡人的聯繫方式。這個人的職位是採購總監，就是採購部門的老大，也是所有買手的上司。
>
> George 很開心，同樣的開發郵件，也發了一封給這位採購總監，只是換了個名字，內容壓根兒沒改。
>
> 接下來更開心的事情來了，這個採購總監居然還回覆了，郵件抄送給了買手，讓他這邊跟進這個項目。

> 　　然後，George 跟買手談得很順利，從報價，到樣品，到改進樣品，到重新報價，到付款方式，對方也很客氣。幾個月下來，一切盡在掌握之中，George 很開心，覺得這個訂單十拿九穩。
>
> 　　可是幾個月後，情況急轉直下，買手寫了個郵件給 George，並且抄送採購總監，內容大致就是：不好意思，我們有更合適的供應商了，這個專案暫時擱置，停止下單，以後有機會，咱們再繼續合作，這段時間謝謝你的支持跟配合！
>
> 　　話說得很漂亮，貌似沒什麼問題，只是專案沒爭取下來而已。可真正的原因，大家能猜到嗎？

　　這樣的案例，現實中比比皆是。同時聯繫買手和採購總監可以嗎？當然可以，但是這裡面有太多跟情商有關的東西，跟職場和辦公室政治有關的東西，莽撞行事是不行的，很容易出問題。

　　我們分析一下上面這個案例。George 寫郵件給買手，買手沒有回覆。George 嘗試直接寫郵件給採購總監，結果總監回覆了。但是最後，總監還是會把這個專案轉給買手去處理，因為這是買手的工作。可這裡的問題是，George 沒有一人分飾兩角，結果出現了大麻煩。

　　買手會怎麼想？他會不會想，「我沒回覆你，你就直接聯繫我上司，你什麼意思？是拿我上司來壓我嗎？是威懾？還是挑釁？看來是逼我非回覆你不可了？行，你給我陷阱挖，那你也別怪我好好整你了。」

　　然後可能的情況就是，買手的態度不錯，很親切，跟進專案也效率很高，郵件都是第一時間處理，一切進展很好，重要的郵件也都有抄送採購總監，讓 George 如沐春風，覺得訂單都已經到口袋裡了。

可結果，談判幾個月後，買手突然宣布專案停止，有別的供應商合作，這邊以後再找機會，有需要再聯繫。George 或許就會著急，就會去追問原因，甚至對客戶下單別家表示不滿。

可 George 沒有想明白的是，可能買手從一開始就已經存了要整人的心。手法並不複雜，就是表面上客客氣氣，讓你不認為對方會對付你，放鬆警惕。然後在談判過程中，買手故意討價還價，造成一個有可能合作的假象，讓你一次次降價、讓步。隨後，買手偷偷把底價報給「老朋友」，把這個專案同時交給幾個供應商報價。結果幾家報過去，都比你專業，都比你的價格恰好低 5% 左右，而且效率還相當高。再然後，或許買手就會把別人和你的報價一起給採購總監，問應該跟哪家合作。

總監一看，別人的價格都要更好些，而且樣品都已經收到，品質還不錯。但是 George 這邊不僅價格貴，樣品到今天還沒到，那就下給別人吧。

或許 George 很冤枉，樣品的事情，買手討價還價很多次才提出要樣品，他也立刻就安排了，怎麼都需要兩三天準備，加上寄出的時間，起碼需要一個月。奇了怪了，怎麼那些同行個個都這麼激進，客戶一詢價就連樣品都準備好了，然後第一時間寄出？

其實根本不是那麼回事。一切都是買手的計畫，他故意讓你出局，不想讓你拿到訂單，就為了報當初的一箭之仇。他跟你客客氣氣，是讓你覺得自己沒有問題；他跟你討價還價，談產品、談細節、談包裝、談付款方式，然後談到樣品環節，只是想在流程上，讓上司覺得他很專業。但是這種手法是想透過拉長談判環節，讓上司看不出來他在整你，George 不會有任何證據。可是私底下，跟他談好的細節，跟他談好的付款方式，他同行那邊都可以第一時間知曉，這或許也是為什麼別人報價都「正巧」比他便宜，別人的付款方式都「正巧」比他好一些，別人的樣品又「正巧」比他快一些送到的原因。於是，客戶下單給別人，就變得順理成章了。

到了這裡，大家或許有些明白，真正的問題出在哪裡？就出在業務員一開始不經意地得罪了買手。最終給自己造成了這麼大的麻煩。甯得罪君子，不得罪小人。被人暗中刁難、報復實在太憋屈了。

那我們是不是可以說，在這樣的情況下，不宜直接聯繫採購總監呢？這是不是越級？可是買手和採購總監都是第一次聯繫，而且是因為買手那邊沒消息，業務員才想著從高職位人士那裡入手，看看有沒有機會的。難道這樣也不行？

事實上，這個基本思路沒有錯，但是執行起來問題多多。若是多動動腦筋，用一個更巧妙的手法，往往很大程度上是可以避免當炮灰的悲劇的。

二、略作修改，化解難題

案例 5-7

巧妙的溝通方式（Tactful contact）

上述情況，若 George 細心一些，或許在開始的時候就不會用那麼粗暴的方式去開發客戶。同一封開發信寫給不同的人，內容還一樣，會讓收件人怎麼看？

買手收到後沒有回覆，有他的原因和理由，也是他的自由。採購總監收到後，有點興趣，把郵件轉給買手跟進，同樣是他的工作職責所在。

我們做業務，首先要避免的就是無意中得罪人，也不要參與到對方可能存在的辦公室政治中去。

聰明的做法可以是下面的步驟：

第一步，George 給買手寫開發信。

第二步，買手這邊沒有消息，嘗試跟進幾次。

第三步，跟進後，若依然沒有消息，可以考慮從採購總監那裡找找突破口。

第四步，以 Kelvin 的名義寫開發信給採購總監，郵件的內容跟以 George 名義寫給買手的不一樣，留的郵件信箱和電話也不一樣。

第五步，哪怕採購總監有興趣，把郵件轉給買手去跟進，至少表面上來看，還是可以讓買手覺得，是一個公司的兩個業務員寫的郵件，正巧 George 寫給了他，而 Kelvin 寫給了總監。

這個步驟，是為了避免讓買手心裡不舒服，或者讓他尷尬。

我們可以換位思考一下，假設你在跟單的某個客戶，寫郵件問你詢價一款新產品，你正好今天忙得要命，打算明天給他找找再回覆這個郵件。

可第二天一忙，或許就忘了這個事情。第三天上午，你老闆轉了個郵件給你跟進，說這個客戶在詢某某產品的價格，你今天趕緊報價過去。

結果你一看，這不就是那封郵件嗎，客戶既發了一封給你，還一個字不動地也發給了你老闆。這什麼意思？動不動拿你老闆壓你？逼迫你第一時間給他回覆？

這樣的手法，你心裡會舒服嗎？可能客戶是無意的，但因為大家情況不同，立場不同，他的無意或許已經傷到了你。

這也是我這一節要強調的內容，「找人」很重要，「找對人」很重要，可這僅僅是開始，後面的跟進、溝通，才是真正考驗業務員的地方！

毅冰說：

　　找對人，往往只能說明你找到了合適的連絡人。但是並不代表你能把事情談好，你能把專案進展下去，這是兩個概念。

　　你或許能聯繫上某某公司做決策的那個人，可是你如何突破？你如何不影響其他人？你如何不無意中傷害到別人？你如何不讓某些人給你使絆子？

　　這些問題也是業務員在平時的工作中，需要細細體會和思量的。其實用一句話就可以說清楚，「如何不讓別人感覺被冒犯，如何留有可以轉圜的餘地」。

第四節 如何避免「無心之失」

子曰：無欲速，無見小利。欲速則不達，見小利則大事不成。（出自《論語・子路》）

我們做業務久了，膽子不僅不會愈來愈大，反而會愈來愈小。接觸的多了，經歷的多了，反而會愈來愈謹慎，逐漸失去剛入行那種初生牛犢不怕虎的銳氣，變得圓滑，也變得老練。

雖然我不是很喜歡這樣的變化，覺得某種程度上會有些世故，但不可否認的是，「謹慎」往往能避免許多問題，也能減少出狀況的概率。

一、表面上看起來，你並沒做錯什麼

之所以說「無心之失」，就是我們要防範和控制「意外」，不能丟了機會，都不知道怎麼回事；得罪了客戶，還不知道自己有什麼問題。

案例
5-8

20 美元引起的麻煩（A bad story with only 20 US dollars）

這是一個真實的案例。我有個朋友，我們姑且把她稱為 Chris，因

為 20 美元而失去了一個客戶。

事情很簡單。起因是一個法國客戶打了 200 美元的樣品費到 Chris 的公司帳戶，來安排打樣。當時 Chris 也承諾，訂單確認後，這筆費用是可以退回的。這也是常規的做法。

後來經過一系列磨合，兩萬多美元的訂單最終成交，也順利完成了出貨。但是問題在於，客戶付 70% 餘款的時候，忘了扣除這 200 美元的樣品費，Chris 也把這個事情丟到了腦後。

又過了一陣子，法國客戶想起這個事情來，於是寫郵件給 Chris，請她把 200 美元轉到他公司帳號。Chris 當然沒問題，答應過的事情，總要履行，更何況客戶訂單都下了，錢都收到了，利潤還不錯，接近 3,000 美元。而 200 美元的樣品費自然是要退回的。

可是 Chris 跟財務那邊一說，財務的回覆是，因為涉及銀行手續費的問題，當時我們實際收款只有 180 美元，所以只能退 180 美元給客戶。

Chris 就把這個情況如實告訴客戶，表示因為 bank commission（銀行手續費）的問題，我們只能退 180 美元，還「貼心」地補充了一句，您實際收到的錢，可能會在 150~160 美元的樣子。

本以為這個回覆很正常，可沒想到的是，法國客戶勃然大怒，在郵件裡咆哮，說 Chris 不按規矩做事，缺少商業道德，以後再也不想跟她合作，一切到此為止。

Chris 覺得很委屈，這不是她的責任啊。客戶付樣品費，實際的確只收到 180 美元，那把這個錢退回去，也無可厚非，並沒有不按規矩辦事，客戶憑什麼無理取鬧？

我很想知道的是，大多數業務員，設身處地地想一下，當你碰到 Chris 這樣的情況，你會如何處理？等客戶不滿、咆哮了，才去解決問題，那可能就晚了。

在我看來，這根本就不是錢的事兒。法國客戶真的很介意這 20 美元嗎？當然不是。Chris 所在的公司缺這 20 美元嗎？也不是。這是按照規矩辦事的事。

那問題究竟出在哪裡？其實就是「感覺」，是 Chris 讓法國客戶的「感覺」不對了。明明一件很小的事情，就因為 Chris 的無心之失，讓大家心裡都不舒服。

Chris 會覺得，我沒有錯；Chris 的財務同事會覺得，我也沒有錯；法國客戶會覺得，我當然沒錯。

那誰錯了？

其實這根本不是對錯的問題。Chris 的問題在於不夠靈活，不懂變通，很多事情不知道如何設身處地為客戶著想，不知道如何在一些小的地方展示自己，讓其成為加分項。這也是業務員的個人能力和思維方式跟不上的體現。

二、收買人心的好機會

假設我是 Chris，我就會這樣做。

一個難得的機會（A good opportunity）

首先寫郵件告訴法國客戶，同意退款，並且已經讓財務部門安排了。

然後郵件裡補充一下，當時我們實際的收款是 180 美元，說明轉帳過程中，銀行扣了 20 美元的手續費。因為我們無法確定轉帳回去的銀行路徑和手續費，所以會直接安排 250 美元，相信到賬的款項，會超過 200 美元。

最後告知客戶，轉帳完成後，會發送銀行的水單給他，同時感謝他在這次訂單完成過程中對你的支持和幫助。

　　這就是一個很好的處理方式。借助一個小事情，給了自己進一步展示的機會。不是很好嗎？這樣寶貴的機會很難得，多付 70 美元就能讓客戶感覺很舒服。哪怕你想請人家吃飯，都不一定能找到機會呢。

　　現在客戶要退樣品費，不就是大好機會送上門嗎？多給幾十美元，名義上是你們承擔手續費，讓客戶收到的錢一定不少於他付出的，實際上這樣做會讓他心裡很舒坦，覺得你們不錯，很喜歡你們這樣的供應商。

　　這就避免了在小事情上栽跟斗。其實無非就是多設身處地爲客戶著想，讓別人覺得你不斤斤計較，做事很可靠。只要客戶對你的印象不錯，感覺對了，很多生意上的事情，自然就比較容易溝通，你就可以得到更多機會。

　　這也是我們一直強調的，要會做事，但更要會做人。

毅
冰
說
：

無心之失是大家最容易碰到，但也最需要避免的。

而大家頭疼的，往往是直到客戶生氣了，才意識到問題出在哪裡。可這個時候再亡羊補牢，或許就已經晚了。

所以我們平時做事情，需要多留個心眼，需要多設身處地為客戶著想，多考慮考慮如何減少他的麻煩，如何透過各種小事情來積累對方對你的信任和讚賞。這就是不簡單的事情，也不是人人都能做到的。

現實中，為什麼有些人長袖善舞，很有人緣？無他，就是擅長抓別人的「感覺」，並將其引導到對自己有利的方向。

"

第五節 各取所需是談判的關鍵

———

很多時候，跟客戶的談判陷入僵局，往往是因為沒有做好需求探討。做生意本身，其實就是相互分享和支持的過程。在這個期間，你支援客戶，客戶配合你，各取所需，才能夠獲得雙贏，談判才有價值。

一、談判前的準備

談判成功的核心，不在於你的價格很低，而在於跟你合作，客戶能獲得什麼？

比如說，你的產品在德國賣得很好，而客戶做的正好也是德國市場，針對性很強。你們的產品在德國市場熱賣的事實證明了，如果客戶下單給你，他的風險相對較低，因為產品已經被市場認可。

比如說，你的產品價位不錯，你的 FOB 價格大約在多少，而德國當地的零售價一般在多少，online shop（網店）的價格大約在什麼價位，你可以提供一些截圖或者網頁之類的證據，來證明你所說的是事實。然後透過分析費用，得出客戶的利潤可以達到 50%。這也是個賣點，是吸引客戶跟你合作的一個要素。

再比如說，你的產品通過了德國某某測試，達到了歐盟哪些標準，品質不錯，可以給客戶看測試報告，然後說明你的產品的不良品率能控制在多

少比例以下。這也是一個切入點，因為你的產品品質達到了市場准入門檻。

當你把這些東西都做得遊刃有餘，有足夠的底氣跟客戶談判的時候，才會更加如魚得水。客戶願意跟你溝通，不代表你就抓住了機會。要讓客戶能跟你探討一些深入的東西，能夠不經意間將你擺在一個對等的位置，你們能夠相互探討如何在合作中各取所需，那才是比較高的境界。

不要聽信一些所謂的「我們拿不下訂單是因為同行價格更低」，「我們訂單少是因為我們不是工廠」這些鬼話。不需要找藉口，不需要推卸責任，要從自己本身找原因。如何找合適的客戶，如果跟客戶進行對話和談判，如何打動客戶找到痛點，如何讓彼此在合作中都有所得，這才是生意！才是合作的基礎！

▌二、不要盲目迷信所謂的研發能力強

案例
5-10

新產品的開發難題（Problems for launching new items）

有朋友的工廠是做不銹鋼器具的，比如茶壺、咖啡壺之類的，定位比較高端，每一款產品的開發往往都是十幾萬到幾十萬元的模具費投入。

可是他疑惑的是，許多客戶在採購的時候，不見得有多關注新品，往往就是看看誰家的東西不錯，價格也還行。

他就覺得，他們的產品如果要做好，跟客戶的溝通和討論是一個問題，因為我們設計出來的東西不一定適合國外的客戶。比如德國客戶喜

> 歡的東西，法國客戶或許就不喜歡；法國客戶看中的產品，義大利客戶
> 也許就沒興趣。
>
> 　　可如果不斷推新品，這也是一個無底洞，資金的投入和消耗就會十
> 分驚人，一旦沒有足夠的訂單支撐，工廠就很難維繫。

　　所以這個朋友的難題，就是新品的開發問題。開發新產品，十分困難，而且費時、費力、費錢，還不一定就有很好的產出，這個產品也不見得就會成功。而跟客戶的溝通，很多時候也難以達到有效的目的，未必能獲取多少寶貴資訊。

　　在我看來，這屬於需求探討部分，需要跟不同的客戶接觸從而獲取資訊，更需要賦予產品獨特的賣點和優勢。也就是說，這其實已經不局限於單純地跟客戶談判了，而已經深化到「產品開發」的範疇，在國外有個專業的詞彙叫 Product Development 。很多外企有相關的職位，比如 PD Specialist（產品開發專員）、PD Manager（產品開發經理），這些職位其實很高級，需要懂設計、懂市場、懂消費者心理、懂各種同類品牌設計和趨勢、懂行業變化等，是 buying team（採購團隊）的一個重要角色。

　　而我們這邊的工廠，針對海外市場的新品開發、產品研發，究竟是誰在做？具體怎麼做的？總不至於老闆腦袋一拍，覺得這個設計好看，我們馬上做，然後就可以立刻安排，沒有調研、沒有跟許多客戶探討，沒有可行性分析就做？

　　那就屬於典型的人傻錢多，出問題的機率就很高，成功完全是靠運氣，如果新品好賣就能賺錢。這自然是不行的。

打造小眾精品路線（Build a series of boutique items）

如果我來負責工廠的新品開發，我會在有限的預算下，減少新產品的開發數量。

比如原先一年可能新開發 10 款產品，但是成功的往往就兩三個，有幾個客戶會下單，可一年下來，也就勉強維持收支平衡而已，並沒有在新品上獲得多少利潤。

我不會這樣做。我可能只會開發三四個新品，然後配合不同的主題來做銷售。至於其他的預算，我會投在國外設計師的身上，選擇出色的設計師來給產品設計外形、顏色、圖案、包裝等，打造一個好的視覺衝擊效果。

與此同時，甚至可以跟設計師談買斷設計方案，然後把設計師的名字打在產品和包裝上，作為賣點之一。對外的宣傳就是，我的新產品是某某設計師的定製品。讓每款產品都有賣點，都有主題，包裝做得超級炫，讓人一看就覺得這東西好漂亮。

這就好比大家去國外的高檔百貨公司，比如英國的 Harrods（哈洛德百貨），法國的 Printemps（巴黎春天百貨集團），會發現那些高檔的咖啡壺、高端茶壺，背後都有一個個的故事。比如這是哪個名設計師做的，那個是透過什麼事情得到的靈感，然後又渲染一個怎麼樣的主題等，用情懷打動你。對於定位高端的產品而言，產品本身或許沒那麼重

> 要，重要的是你要會講故事。通過一系列的故事，為一個品質還不錯的普通產品，賦予特殊的生命和特點，讓人覺得它有獨特性，會顯得很有檔次。

　　所以小眾精品路線，就是高端的產品開發一個出路。在這其中，跟核心客戶探討，然後有針對性地研發適合當地市場審美的產品，再賦予它一系列延伸的東西進去，就提高了產品的附加價值，可以讓雙方都獲利更多。

　　要知道，各取所需的關鍵，不是零和遊戲，不是客戶多賺 10 美元，你少賺 10 美元。而是在現有的基礎上，能否想辦法改進產品，把定價多提升 50 美元，然後跟客戶去分享這額外的 50 美元的利潤，這才是讓大家都開心的事情。

毅冰說：

> 　　各取所需是談判的基調，也是支撐項目往下走的原動力。雙方能合作起來，就必然是通過合作能達到自己的目的，有雙贏的基礎存在。
>
> 　　我們不能一味地去跟客戶推銷這個，強調那個，這樣做沒用。單純地推銷是無力的，因為別人會有防備，會本能地抵觸。
>
> 　　要把注意力集中在「各取所需」上，強調合作的優勢，渲染大家能獲取的東西，用自身的優勢去讓客戶知道他能得到什麼，引導他自己去思考，去衡量供應商的平衡與選擇。這是一個值得思考的課題。

第六節 開發不易，守業更難

我在這裡又要講一個讓大家覺得憂傷的話題了。就是開發客戶雖然不容易，但是維護客戶更難。

可能你花 3 個月時間，從零開始，報價、打樣、跟進、修改、重新報價、重新打樣、糾結包裝、折騰細節、準備產前樣、做測試、談付款方式、拿下試單，千辛萬苦才開發了一個新客戶，甚至各種投入算下來這個訂單還沒什麼利潤。

可讓你鬱悶的是，讓你用了洪荒之力才談下來的新客戶，可能因為一件很小的事情，就徹底離你遠去了，你過去所有的投入全部白費。

一、即使你做得很好，老客戶也可能流失

這個很小的事情，有很多種可能。

案例 5-12

可能失去客戶的幾件小事 （Minor issues to lose customers）

比如說，你的同事，豬一樣的隊友，在給陌生客戶發開發信的時

候，發到你客戶那裡去了。剛巧不巧，還把你現成合作的產品給客戶報了價，居然還比你的成交價低 5%……

比如說，你老闆莫名其妙地主動聯繫你的客戶，說價格弄錯了，下一單要漲價……

比如說，客戶公司內部調整，換了買手，然後，就沒有然後了……

比如說，客戶有急事給你打了兩個電話，你沒接到，他就找了你的同行……

比如說，客戶出差，突然有個訂單要確認，但是電腦沒在身旁，手機裡也沒你的聯繫方式，於是就找了別人……

比如說，客戶跟你同行合作，被騙了一次，於是決定再也不跟你們這個區域的任何公司合作……

比如說，客戶想要三套樣品，你沒在公司，你老闆替你進行了回覆，要客戶按照公司規定支付三倍樣品費，結果……

可能大家會發現，這些問題其實跟過往這一單良好的合作沒有直接聯繫。也就是說，哪怕你的價格還好，你的東西還好，也會因為這樣、那樣的原因，而失去客戶，失去未來的機會。

我們可以這麼說，你開發一個客戶，挺不容易；可是要失去一個客戶，卻格外容易，任何一點風吹草動，甚至一些莫名其妙的原因，都有可能讓客戶就此消失。

做外貿多年的老業務員都清楚，銷售業績的核心是什麼？就是老客戶的訂單。因為老客戶比較穩定，對公司的銷售業績往往也貢獻最大。老客戶是稀缺資源，維護好老客戶，往往是大多數外貿公司的首要任務。開發

新客戶雖然也重要，但是終究不如維繫老客戶的成本低，價值大。

失去一個老客戶，往往是開發幾個新客戶都彌補不了的。這不僅是錢的問題，還包括長期合作的交情，彼此之間的信任，這些東西都不是新開發一個客戶可以立刻建立的，需要時間，需要長期的積累。

守業難，是因為大部分客戶，往往都無法成為業務員甚至公司的老客戶。因為有種種原因，有各種意外和麻煩，很多客戶來了又走了，揮一揮衣袖，不帶走一片雲彩。

這也是為什麼大家除了維繫老客戶，還不遺餘力開發新客戶的原因。不是說與現在的客戶合作得不好，而是要有一種危機感，誰知道老客戶明年還會不會繼續下單，誰知道他會不會轉單，一切都是未知的。這就需要一直補充新鮮血液，哪怕有老客戶離開，新客戶裡面多少也有幾個價值高的，正好補上來。

另外，除了可能因為意外失去客戶，合作不愉快往往也是一個主要原因。比如說，產品有品質問題；產品價格過高，水分太大；供應商不守誠信；客戶過去有不愉快的索賠經歷……

我還想多補充一點，就是可能你這邊沒有問題，產品也不錯，價格也很好，服務也令人滿意，效率也一流，但是因為老客戶換了買手，而使老供應商被邊緣化。這個問題，也是相當普遍的。

很多朋友會有這樣一種感受，買手一換人，各種溝通都變得困難起來，過去的訂單還在下，但是愈來愈少，新產品的開發又十分乏力，只能眼睜睜地看著訂單逐漸流失，直到徹底失去這個客戶。那我們該如何努力？如何儘量避免這樣的狀況？這就是這一節需要重點分析的，之所以我把這部分內容放在本書的最後一章最後一節，就是想借此收尾，也給大家打開一扇窗，去思考這個平時不容易學到的內容。

思考要點一：買手換人，往往是影響雙方後續合作的核心問題，哪怕原先合作順暢，這也會成為一個難以計算的定時炸彈。

思考要點二：新買手上任後繼續下單，很多時候是為了過渡，並不是「蕭規曹隨」。

思考要點三：一朝天子一朝臣，新買手去負責一個組的新專案，一定會把原有供應商進行清洗，換成自己好用的人，換成自己信得過的人，換成自己過去合作愉快的老供應商。

思考要點四：留下的，往往都是鳳毛麟角，絕對不會大部分都維持現狀。

思考要點五：之所以沒有一上任就大刀闊斧換掉許多供應商，是因為貿然換供應商容易出問題。理想的狀態是維持現有訂單，減少數量，分流訂單給他屬意的供應商作為備選。等到備選供應商愈做愈順，你這個核心供應商就會被邊緣化成備選，而備胎就順理成章轉正。這也是一種平穩過渡，業務員也不至於遭受來自上層的壓力。

可能有朋友覺得，我們是老供應商，已經跟客戶合作了好多年，應該相對比較安全吧？

很不幸，我也是美國公司的專業買手，可以負責任地說，你跟公司合作愈久，跟老買手關係愈好，跟其他高層認識愈久，你的風險就愈大，就愈容易被處理掉。

原因很簡單，新買手並不知道你跟老買手的交情如何，關係怎麼樣。所以項目、價格、細節，甚至一些可以私底下溝通的東西，他都不方便跟你談。因為不管他說什麼，他都不確定會不會一轉眼就傳到老買手耳朵裡去。他更不確定，你跟他公司高層的交情如何，會不會時不時地越級去給他造成更多壓力和麻煩。

除此之外，他既然現在調任到這個組當買手，那過去一定不是新人，可能擔任其他組的買手或者別的職位，一定也有他熟悉的跟信得過的供應商、老朋友，這些人自然容易成為他的班底，以及最初的合作對象。

俗話說，新官上任三把火，否則如何樹立他的形象？如何把工作開展起來？

二、不要盲目迷信「潛規則」

案例
5-13

傭金開路的蠢主意（Stupid bribery ideas）

有些朋友可能一碰到這種情況，就開始動歪腦筋，想搞搞桌底交易，比如跟買手談談，付一點傭金，比如以後繼續合作，大家相互配合，未來的訂單，我給你銷售額的 5% 之類的。

這種情況可行嗎？這其實是個非常蠢的主意。畢竟新買手跟你沒有任何交情，甚至還有換掉你的謀劃，會冒險接受你的提議？你敢給，他也不敢拿啊。他怎麼知道，你會不會把這個事情捅出去給老買手或者是他公司裡的其他人？他絕對不會那麼傻，會輕易被糖衣炮彈迷惑。

而你在這個時候撞到槍口上去，一說給傭金，或許就正中了他的下懷，以行賄的名義大義凜然地向公司舉報，順理成章地把你這個供應商換掉，還能給老買手上上眼藥，來一招完美的辦公室宮心計。

這樣，或許你不僅自己失去了機會，還把過去交情不錯的老買手給坑了。

其實從思維方式上分析，這個問題也不是無解的。有幾個招數，是可

以應對這種惡劣狀況的。雖然不見得能 100% 跟老客戶繼續愉快合作，但是起碼能夠讓合作時間進一步延長，讓買手有顧慮，讓他考慮把你作爲留下的那一個。

首先，我們要明白一個事實，就是新買手上任以後，雖然對於這個組的採購項目，他是做主的人，但是他也不能肆無忌憚地去拿老供應商開刀，不可能一口氣換完所有供應商。這不現實，對上層也沒法交代，他只能緩步走，一定是求穩爲上，然後逐步替換。

比如說，他知道你的價格，然後可以拿著你的產品讓他的「老供應商」去報價和準備樣品，只要這個價格「正好」比你的價格便宜幾分錢就可以了。

這個時候，他就可以繼續下單給你，也下單給他的「老供應商」，對他公司而言，他的 great job（努力工作）幫公司爭取到了更好的價格，也分流了訂單，尋找到了備選供應商。

然後呢，一兩個訂單下來，他的「老供應商」的產品和配合度都 OK，沒有什麼問題。這樣一來，出於公司立場，他就可以把他的老供應商變成這個專案的 core supplier（核心供應商），然後把你邊緣化、變成備選。

這樣就完成了換血。每一個供應商，買手都是用這個手法來操作的。

那我們不由得會去思考，我們主動配合新買手，放低姿態，比如價格上給予一點優惠，通過降價來穩住訂單，是否可行？

其實，這同樣是一個昏招。如果買手有換掉你的意圖，正愁沒有好藉口，這時候你突然降價，或許他就會主動彙報公司上層，說你這個供應商突然降價，比較可疑，是不是現在偷工減料，我們是不是考慮分流部分訂單出去？還有一個他沒說但是大家都懂的理由，就是故意讓公司高層對老買手有疑慮，否則爲什麼一換人，這個供應商就主動降價？難道在過去的

合作中，他跟老買手有桌底交易？不管如何，只要你這樣做了，可能就又把老買手給坑了。

至少你如今降價，就坐實了原來的價格有水分、不可靠的傳言。就會有以下兩個替換你的原因存在。

原因一：老買手失職，沒有幫公司爭取到好的價格，對產品和價格不專業。

原因二：你跟老買手有桌底交易。現在老買手下台，你覺得新買手沒有下單，你就讓出利潤，其實這本來就是桌底交易的利益。

所以不管原因一，還是原因二，都可以作為踢掉你的合理藉口。

我之所以要分析這麼多，是希望告訴大家，要了解真實原因，要看懂背後的東西，然後有針對性地去找方法、找出路，而不是不動腦筋，一看形勢不妙，立刻降價，或者動歪腦筋。這樣做反而容易落人口實，把原先並不爛的牌打得很爛。

三、打造利潤增長點的絕好時機

其實我自己的做法恰好相反。新買手上任以後，我不僅不會降價，反而會立刻漲價！

案例
5-14

逆向思維：漲價！（Reverse thinking: price raises!）

新買手上任後，我第一步就是漲價，給新買手 update offer sheet

（更新報價單），不需要理由，因為報價有效期過了，所以現在價格重新核算了。

這樣做，也是為了跟老買手撇清，暗示咱們利潤本來就不高，沒有任何桌底交易，所以不僅不降價，還得漲價。但是新 buyer 肯定很忌諱漲價，他會很難做，比如他剛上任，剛想大展拳腳，向老闆證明他的能力，我這個老供應商先給了他一記悶棍。他心裡絕對窩火，絕對掐死我的心都有，一定想換掉我。

但是他剛上任，這個專案他沒接觸過，他只要夠聰明，一定不會冒險立刻轉單，而是會給我壓力，比如寫一封措辭強硬的郵件給我，要求維持原價，否則將不再合作之類的。

這個時候呢，我就立刻回覆一個郵件，表示我們會重新核算一下價格，這兩天內就給他答覆。語氣上足夠客氣、誠懇，請他諒解。

然後等兩天，我就先不寫郵件，我打個電話給買手。為什麼要打電話？是因為郵件本身是文字，是冰冷的，容易有誤會。但是電話不一樣，可以開開玩笑。電話裡，我會給足他面子，他說什麼，我都笑臉相迎，讓他找不到發火的藉口。然後我在電話裡表示一定會支援他，但是我們也有現實的困難，告訴他我會把詳細核算後的 breakdown（價格構成）發給他看看。

再然後，我把價格構成的表格用郵件發給他，虛虛實實的，看起來很專業、很細膩，其實說白了就是為了漲價找藉口。但是態度要誠懇，表示我們願意支持和配合他，這是我們的工作，也希望他能幫助我們。所以呢，價格降了一點，但是比原先的成交價還是高了一點點。

先給他臺階，但是他一定不滿意，要求維持原價。所以，我再跟

「上司」請示，「勉為其難」地表示我們可以給出更優厚的付款方式，比如將 30% 定金改為 15% 定金，但是價格真的不能降了。

這時候，我再打電話，跟買手說，我們真的很為難，請他幫幫忙，至少給我們留一點利潤。買手在電話裡，已經得到了我這邊關於付款方式的讓步，但是他怎麼說都要把價格維持原價，才不至於讓他的老闆有想法。

這個時候，正是他表現的時候。所以電話裡幾次溝通後，我口頭表示同意，這個訂單還是維持原價，跟原先價格不變，然後報價有效期我扛半年。

電話談完後，郵件跟進過去，做一個 phone conversation recap（電話溝通要點概括），把電話裡說好的事情，一條一條寫出來給他。我相信到了這一步，買手一定會鬆口氣，總算把這個難搞的供應商搞下來了，價格維持不變，而且付款方式上還爭取到了實惠，是時候向上司邀功了。

所以，他會有贏的感覺，只要無意中把談判壯舉讓老闆知道，絕對會被誇獎的。

但是僅僅這樣做還不夠。因為買手一定有其他供應商，他的老朋友，未來還是可能隨時換掉我。我這一步，只是給自己多爭取了一些時間，也多爭取了一些跟 buyer 的互動而已，至少這麼來來往往，大家怎麼都熟悉了。後續就是找機會跟買手私下見面，探底。因為很多東西是不方便通過郵件來說的，必須「拜山頭」，必須讓大家互相能有直觀的認識。

見面以後，那就好好聊一下，從產品到工作到閒聊，什麼都可以

談。至少營造一個放鬆的環境，也通過隻言片語去了解他這個人究竟是什麼樣的性格，然後有針對性地去跟他溝通。

有些不方便說的問題，就私底下溝通。不用直接說，可以慢慢試探。比如說，問問買手，有沒有什麼新專案可以做？我們這個老專案，畢竟穩定了，我們也希望得到更多的機會什麼的。

當然，買手出於禮貌，起碼要扔幾個東西讓我報報價看，哪怕他根本不想下其他新產品的訂單給我，但是表面功夫還是要做的。

然後，我就當場打電話給公司，讓同事核算價格，或者問工廠價格，然後當場告訴 buyer，我們的底價大約是多少美元，大概也就維持 5% 的利潤，您看這個價格我怎麼報合適？我回頭馬上做一個詳細的報價單發給你。

這是個暗示，就看他怎麼接話了。話當然要說得漂亮，但是實際情況大家都心知肚明。有些事情，點到為止就可以了。

另外，可以適當送點貼心實用的禮物，女士絲巾或者是投其所好的咖啡。他把東西帶回家，也會在太太或者女朋友面前很有面子。這就是我要營造的一種感覺，就是拉近彼此之間的距離，搭建好私底下的溝通管道，這樣一來，拿人手短，他要換掉你的時候就會有那麼點不好意思。

既然不好意思了，自然在訂單上，他能做到的，總要盡力支持一下，還我這個人情。而我呢，工作上是絕對不含糊的，高效率、專業、服務意識一流，讓他跟我溝通起來，總覺得很舒服、很省心。他慢慢心裡就會想，毅冰這個人也不錯，挺好的，訂單也做得四平八穩，這個專案給他做挺省心。

只要有了這樣的想法，習慣了跟我繼續合作，買手就會懶得把我換掉，也不想馬上中斷聯繫。

　　反正他上任，老供應商肯定要換一批，甚至換一大批，但是不可能把所有的老供應商都換掉，這樣他沒法向上層交代，也做得太明顯了。

　　所以我的目的，到這裡大家應該可以看明白了吧？我就是要做他心裡那些勉強留著的倖存者中的一個。

　　所有的布局，就是為了這一個目的——占掉一個名額。

毅冰說：

　　開發不易，守業更難。我們最擔心的，往往不是得罪客戶，而是因為一些不是自己責任的問題，而丟掉寶貴的機會，失去原先長期合作的大客戶。

　　這其中最重要的問題，也是最棘手的麻煩，就是大客戶的買手換人，從而引起的邊緣化危機。

　　我們這一節要探討的，就是化不可能為可能，通過逆向思維，層層布局，把局勢引導到對自己有利的方向上來。

　　這樣，很多失誤，就自然而然可以避免了。

索引

TOP001　　　　**外貿大神的 32 堂客戶成交課**
　　　　　　　　業務新手第一次工作就該懂的訂單成交技巧

作　　者	毅　冰
執 行 長	陳蕙慧
總 編 輯	魏珮丞
責任編輯	魏珮丞
行銷企劃	陳雅雯、余一霞、尹子麟
封面設計	Bert
排　　版	張簡至真

社　　長	郭重興
發行人兼出版總監	曾大福
出　　版	新樂園出版
發　　行	遠足文化事業股份有限公司
地　　址	231 新北市新店區民權路108-2 號 9 樓
電　　話	(02) 2218-1417
傳　　真	(02) 2218-8057
郵撥帳號	19504465
客服信箱	service@bookrep.com.tw
官方網站	http://www.bookrep.com.tw
法律顧問	華洋國際專利商標事務所 蘇文生律師
印　　製	呈靖印刷

初　　版	2018 年 06 月
初版二刷	2021 年 04 月
定　　價	420 元
Ｉ Ｓ Ｂ Ｎ	978-986-96030-1-0

國家圖書館出版品預行編目（CIP）資料

外貿大神的 32 堂客戶成交課：業務新手第一次工作就該
懂的訂單成交技巧 / 毅冰著 . -- 初版 . -- 新北市：新樂園
出版：遠足文化發行, 2018.06
312 面；17× 22 公分 . --（Top；1）
ISBN 978-986-96030-1-0（平裝）

1. 國際貿易 2. 個案研究

558.7　　　　　　　　　　　　　　　　107008723

新楽園
Nutopia